BEI GRIN MACHT SICH IHR
WISSEN BEZAHLT

Zusammenfassung Einführung in die Kognitionswissenschaften

GRIN

Bibliografische Information der Deutschen Nationalbibliothek:

Die Deutsche Nationalbibliothek verzeichnet diese Publikation in der Deutschen Nationalbibliografie; detaillierte bibliografische Daten sind im Internet über http://dnb.d-nb.de abrufbar.

ISBN: 9783346690739
Dieses Buch ist auch als E-Book erhältlich.

© GRIN Publishing GmbH
Nymphenburger Straße 86
80636 München

Druck und Bindung: Books on Demand GmbH, Norderstedt Germany
Gedruckt auf säurefreiem Papier aus verantwortungsvollen Quellen

Das vorliegende Werk wurde sorgfältig erarbeitet. Dennoch übernehmen Autoren und Verlag für die Richtigkeit von Angaben, Hinweisen, Links und Ratschlägen sowie eventuelle Druckfehler keine Haftung.

Das Buch bei GRIN: https://www.grin.com/document/1245123

Inhalt

Philosophische und wissenschaftstheoretische Grundlagen

Historischer Hintergrund

Begriff Kognition
- griechisch „gignoskein" = erkennen, wahrnehmen, wissen
- Psychologie des 19. Jahrhunderts: Verwendung für elementare Bewusstseinsprozesse
- in moderner Psychologie und Kognitionswissenschaft: viel breitere Verwendung
- Konsens: recht unscharfe Benutzung für alle möglichen Phänomene, die mit Denken, intelligentem Verhalten etc. zu tun haben → keine klare Definition
- zentrale Idee der Cognitive Science: mentale Operationen beinhalten die Verarbeitung von Informationen (mental operations involve processing information)

Behaviorismus
Allgemeines
- Grundannahmen des Behaviorismus
  - o Postulieren mentaler Strukturen ist unnötig („black box")
  - o komplexes Verhalten ist allein aufgrund von erlernten Assoziationen erklärbar
  - o Fokus auf beobachtbare Phänomene und messbares Verhalten
- drei Lesarten von Behaviorismus
  - o 1) psychologische Lesart: These über die (menschliche) Psyche
  - o 2) methodologische Lesart: methodische Herangehensweise
  - o 3) logische Lesart: philosophische These zur Bedeutung von mentalen Begriffen
- vor allem in den USA ab den 1920er Jahren vorherrschend
- mentalistische Tradition wurde in Europa nicht so stark unterbrochen → Einfluss von Piaget, Gestaltpsychologie, kulturpsychologische Schule in den UdSSR (Luria, Wygotski)

Kritik am psychologischen Behaviorismus
- Tolman & Honzig (1930): „Einsicht" bei Ratten
  - o Untersuchung, wie Ratten lernen, ein Labyrinth zu navigieren
  - o Methode: Gruppe 1 erhielt Belohnung für erfolgreiche Navigation, Gruppe 2 erhielt gar keine Belohnung, Gruppe 3 erhielt Belohnung nach 10 Tagen
  - o Ergebnis: sobald die Ratten aus Gruppe 3 Belohnungen erhielten, lernten sie das Labyrinth sehr viel schneller zu navigieren als die Ratten aus Gruppe 1
  - o Ratten aus Gruppe 3 haben bereits gelernt, als sie noch nicht belohnt wurden
  - o latentes Lernen → zeigt, dass Verstärkung nicht notwendig fürs Lernen ist
  - o weitergehende Frage: Welche Art von Information wird gespeichert?
- Tolman et al. (1946): kognitive Landkarten bei Ratten
  - o Ortslernen (place learning) vs. Reaktionslernen (response learning)
  - o Methode: Ratten haben am Nord- oder Südpunkts eines Labyrinths gestartet und sollten Futter an einem gleichbleibenden (Gruppe 1) oder wechselnden Endpunkt (Gruppe 2) finden → gleicher Ort vs. gleiche Verhaltenssequenz
  - o Ratten aus Gruppe 1 lernten das Labyrinth sehr viel schneller als Gruppe 2 → Lernen des Ortes einfacher als Lernen der Verhaltenssequenz
  - o Ratten machen nicht nur Reaktionslernen → passen ihre Reaktionen nach Ausgangspunkt und Randbedingungen an (Schwimmen, Laufen etc.)
  - o Interpretation: Ratten repräsentieren Umweltinformationen als Cognitive Maps
- Lashley (1951): Pläne und komplexes Verhalten
  - o Reflektion über das Problem, komplexes Verhalten zu erklären
  - o Behaviorismus hat limitierte Ressourcen, um komplexes Verhalten zu beschreiben → Verhalten als serielle Sequenz von Reaktionen (Reaktionskette)

- o Behaviorismus geht von linearer Organisation aus, verkennt hierarchische Ordnung
- o Großteil menschlichen Verhaltens lässt sich jedoch nicht rein seriell beschreiben
- o Lashley: komplexe Verhaltensweisen = Produkte von (vorheriger) Planung und Organisation, Verhalten wird hierarchisch (und nicht linear) organisiert
- o *hypothesis of subconscious information processing*: unbewusste Verarbeitung von Informationen, die zu bewussten Plänen, Zielen und Handlungen führt
- o *hypothesis of task analysis*: komplexe Aufgaben (und die ausführenden kognitiven Systeme) können verstanden werden, indem die Tasks in eine Hierarchie einfacherer Sub-Tasks (und Sub-Systeme) aufgegliedert werden → nützliches Tool

Kritik am logischen Behaviorismus

- Standardanalyse von mentalen Begriffen nach logischem Behaviorismus
  - o Reduktion von mentalen Zuständen auf einfache Dispositionen
  - o mentale Phänomene = behaviorale Dispositionen oder Tendenzen
  - o Beispiel allgemeine Analyse: eine Person denkt, dass p = def → wenn die Person gefragt werden würde, ob p, dann würde sie „ja" sagen (?)
  - o Beispiel 2: Schmerz im großen Zeh ist begründet in Dispositionen, die den großen Zeh favorisieren, z.B. vor Verletzungen schützen, über Schmerz beschweren/äußern
  - o Beispiel 3: Überzeugung, dass es regnet wird, besteht aus Dispositionen sich so zu verhalten, als würde es regnen, z.b. Regenschirm/Regenmantel mitnehmen
- grundlegende Probleme dieser Analyse
  - o Reduktion auf Disposition zu bloßem Verhalten scheitert
  - o Reduktion einzelner mentaler Prädikate isoliert scheitert → Holismus des Mentalen
  - o Beispiel: Begriffe wie „fragen", „sagen" etc. sind keine einfachen Verhaltensprädikate → können vielfach realisiert werden, in verschiedenen Sprachen, Gesten etc.
  - o einzelne Überzeugungen können nicht mit einzelnen Dispositionen gleichgestellt werden, da die relevanten Dispositionen durch viele verschiedene Wünsche, Überzeugungen und andere mentale Zustände zusammen bestimmt werden
  - o Beispiel allgemeine Analyse: Person wird z.B. nur „ja" sagen, wenn sie sich mit dem Frager unterhalten will, die Wahrheit sagen möchte etc.
  - o Beispiel 2: man kann Schmerz im großen Zeh haben, ohne den Zeh aus der Situation „befreien" zu wollen oder sich über den Schmerz zu beschweren
  - o Beispiel 3: man kann die Überzeugung haben, dass es regnen wird, ohne einen Regenschirm/Regenmantel mitzunehmen, z.B. wenn man nass werden will

Chomsky und Linguistik

- Forschung zu Sprache: einerseits Paradigma des hierarchisch organisierten, komplexen Verhaltens nach Lashley, andererseits algorithmische Analyse kognitiver Fähigkeiten im Rahmen transformationaler Linguistik und formaler Analyse des Syntax
- Landmark Papers: Syntactic Structures (1957), Review of Skinner's Verbal Behavior (1959)
- erste linguistische Erklärung, warum Sprachen so funktionieren, wie sie funktionieren
- Annahme: Behaviorismus kann die Komplexität menschlicher Sprachfähigkeit nicht erklären → betrifft vor allem die hierarchische Struktur von Sätzen
- zentraler Aspekt: Unterscheidung zwischen Tiefenstruktur und Oberflächenstruktur
  - o Tiefenstruktur (*deep structure/phrase structure*): Aufbau aus grundlegenden Komponenten (syntactic categories) nach grundlegenden Regeln (phrase structure rules) → grundlegende Kategorien = z.B. Nomen, Verben, Adjektive
  - o Oberflächenstruktur (*surface structure*): tatsächliche Organisation von Wörtern, abgeleitet von der Tiefenstruktur nach Prinzipien der transformational grammar
- Phasenstrukturgrammatik
  - o formale Grammatiken, die einen Satz schrittweise in kleinere Einheiten zerlegen
  - o System abstrakter Regeln zur Erzeugung wohlgeformter Sätze
  - o Annahme universaler Grammatik → erzeugt Grammatiken von Einzelsprachen

- o kontroverses Argument: maximal abstraktes Regelsystem ermöglicht es, die Grammatik jeder Sprache mühelos zu erwerben (nativistische Sichtweise)
  - o starker Nativismus: Poverty of the Stimulus Argument
- Transformationsgrammatik
  - o auch Erzeugungsgrammatik, generative Grammatik mit Transformationsregeln
  - o Modell des dynamischen Prozesses der Sprachproduktion und Sprachrezeption
  - o liefert Prinzipien für die angemessene Transformation von Tiefenstrukturen
  - o Tiefenstruktur eines Satzes kann nach Transformationsregeln verändert werden
  - o transformationale Prinzipien sind Beispiele für Algorithmen
  - o Beispiel für Transformation eines Satzes: „John has hit the ball" wird zu „The ball has been hit by John" → andere Tiefenstruktur, gleiche Bedeutung des Satzes
  - o beinhaltet zwei zentrale Ideen: 1) hierarchisch organisierte, kognitive Fähigkeiten (wie Sprache) beinhalten Elemente von Informationen, 2) diese Elemente von Informationen können algorithmisch manipuliert werden

Entwicklungen in der Logik und Mathematik
- formale Logik
  - o Logik, die sich mit dem Zusammenhang zwischen der logischen Form von Aussagen und der Gültigkeit von Ableitungs- und Folgerungsbeziehungen beschäftigt
  - o Suche nach formalen Regeln des logischen Schließens → Regeln, die aufgrund der Form von Symbolen funktionieren, nicht nur aufgrund deren Gehalt
  - o Beispiel Modus ponens (häufig verwendete Regel): P + Regel $(P \to Q) \to Q$
  - o syntaktische Ebene (nicht semantische), prinzipiell von einer Maschine ausführbar
- Alan Turing: Theorie der „Turing-Maschinen"
  - o Modell einer einfachen, abstrakten Maschine, die anhand weniger Parameter beschreibbar ist → einflussreiche Idee in den Kognitionswissenschaften
  - o Anwendung von Algorithmen: begrenzte Anzahl von eindeutigen Regeln, die systematisch angewendet werden können, um Objekte zu transformieren
  - o Turing-Maschine kann jeden möglichen Algorithmus berechnen/ausführen
  - o theoretischer Vorgänger/logische Grundlage für heutige Digitalcomputer
  - o Turing-Test als Test für Intelligenz: Kommunikation mit Instanz, ohne dass die Instanz sichtbar ist → wenn man nicht zwischen Mensch und Maschine unterscheiden kann, kann man davon ausgehen, dass die Instanz über Intelligenz verfügt
  - o Zitat: *„In one sense Turing machines are completely unintelligent: They blindly follow very simple instructions. And yet, if the Church-Turing thesis is warranted, they can compute anything that can be algorithmically computed. And so, in another sense, it would be difficult to be more intelligent than a Turing machine."*
- Turings Theorie: Grundlage für computationale Theorie des Geistes
  - o Informationsverarbeitung kann als algorithmischer Prozess gesehen werden
  - o kognitive Zustände = repräsentationale symbolische Zustände (Syntax + Semantik)
  - o kognitive Prozesse sind formale, syntaktische Symbolmanipulationsprozesse
  - o Verhältnis Geist/Gehirn ist vergleichbar mit dem Verhältnis Software/Hardware

Informationstheorie und Kybernetik
- Shannon (1948): A mathematical theory of communication
  - o Paper zeigte, wie Information gemessen werden kann und lieferte präzise mathematische Tools zur Untersuchung der Übertragung von Informationen
  - o exakter Informationsbegriff: Bits und Bytes etc. als Maß für Informationen, Informationsgehalt wurde quantifiziert, wird heute noch so verwendet
- Wiener (1948): Cybernetics
  - o Wissenschaft der Steuerung und Regelung von Maschinen und deren Analogie zur Handlungsweise von lebenden Organismen und sozialen Organisationen

- o Beschreibung von Informationsaustausch und Regelkreisläufen in Organismen und Maschinen, Verhaltenssteuerung erklären und erzeugen
- o Zitat: *„the study of control and communication in the animal and the machine"*
- o Thermostat = Beispiel für das Prinzip eines kybernetischen Systems → vergleicht den Istwert mit dem Sollwert, Abweichung zwischen den Werten bringt den Regler dazu, die Wärmezufuhr zu regulieren, sodass sich der Istwert dem Sollwert angleicht
- o wichtige Begriffe: Rückkopplung, Feedback, Selbstregulation, Selbstorganisation, Homöostase, Anpassung, Istwert und Sollwert, Rezeptor und Effektor etc.
- Miller, Galanter & Pribram (1960): Plans and the structure of behavior
  - o eine der ersten interdisziplinären Anwendungen der Info-Theorie und Kybernetik
  - o eine der ersten kognitionswissenschaftlichen Arbeiten: Kombination von Ansätzen aus der Psychologie, Neurowissenschaft und Informatik

Disziplinen der Kognitionswissenschaft

Übersicht Disziplinen
- Psychologie, Philosophie, Linguistik, Anthropologie, Neurowissenschaft, künstliche Intelligenz
- außerdem evtl.: Verhaltensbiologie, Evolutionsbiologie, experimentelle Ökonomie, Psychiatrie (keine feste Liste, es können Disziplinen hinzugefügt werden)

Fragestellungen
- <u>Philosophie</u>: Was heißt „Denken", „Erkennen", „Fühlen"? Wie ist es möglich, dass es mentale Sachverhalte in einer physikalischen Welt gibt? (Metaphysik), Was sind adäquate Beschreibungen und Erklärungen von mentalen Phänomenen? Wie verhalten sich diese zu Erklärungen anderer Phänomene (Wissenschaftstheorie)?
- <u>Linguistik</u>: Wie ist menschliche Sprachfähigkeit adäquat zu beschreiben und erklären? (generativ/produktiv vs. kompositional) Welche kognitiven Repräsentationen müssen dafür postuliert werden? Wie verhalten sich verschiedene Sprachen zueinander? Gibt es linguistische Universalien? Gibt es eine Universalgrammatik? Wie erwerben Kinder eine Sprache? Gibt es angeborenes Sprachwissen? Oder können Sprachen induktiv erlernt werden? Welcher Art sind die Fähigkeiten, die Spracherwerb und Sprache zugrunde liegen: allgemeine kognitive Fähigkeiten oder bereichsspezifische Module?
- <u>Anthropologie</u>: Wie verhalten sich Menschen verschiedener Kulturen – kognitiv gesehen – zueinander? Gibt es kognitive Universalien? Wie lässt sich Diversität erklären? Wie repräsentativ sind Psychologie-Erstsemester für die Menschheit (WEIRD People)?
- <u>Neurowissenschaften</u>: Was sind die neuronalen Grundlagen/Korrelate kognitiver Fähigkeiten und Prozesse? Wie lassen sich kognitive Pathologien durch ihre neuronalen Grundlagen erklären? (Neuropsychologie) Wie sind bestimmte kognitive Prozesse neuronal realisiert? Welche computationalen Modelle sind neuronal plausibel realisierbar?
- <u>Künstliche Intelligenz</u>: Wie lassen sich kognitive Prozesse beschreiben und modellieren? Wie lassen sich intelligente Systeme entwickeln, die bestimmte Probleme lösen (ohne dass sie die Probleme so lösen wie Menschen)? (Anwendungsaspekt) Wie lassen sich menschliche kognitive Fähigkeiten durch Modellierung erklären? (Grundlagenaspekt)
  - o schwache KI: KI kann manche (vor allem die formalen) Aspekte menschlichen Denkens modellieren (Maschinen als Simulation)
  - o starke KI: Maschinen, die kognitive Phänomene modellieren, verfügen damit selbst über die kognitiven Fähigkeiten (Maschinen als Realisierungen)
- <u>Psychologie</u>: Wie lässt sich menschliches/tierisches Denken, Fühlen und Handeln beschreiben und erklären? Wie funktioniert menschliches Denken? (allgemeine kognitive Psychologie), Wie funktioniert menschliches Denken im Vergleich zu dem anderer Tiere? Was sind

Gemeinsamkeiten und Unterschiede? Was sind evolutionäre Erklärungen für die jeweiligen kognitiven Fähigkeiten? (vergleichende Psychologie), Wie entwickeln sich kognitive Fähigkeiten? Welche Rolle spielen dabei Erfahrung bzw. Prädispositionen? Wie lässt sich Entwicklung beschreiben, erklären und ggf. modellieren? (Entwicklungspsychologie)

Verhältnis der Disziplinen zueinander
- Neuro-Imperialismus
  - o Annahme: Die einzig reale Beschreibungsebene ist die neuronale Ebene. Alle anderen Beschreibungsebenen lassen sich entweder auf die neuronale Ebene reduzieren, oder sind ungenaue Annäherungen, die verzichtbar werden, wenn wir besser in den Kopf schauen können (bessere Forschungsmethoden).
- radikaler Funktionalismus
  - o Annahme: Kognitive Fähigkeiten sind abstrakte Fähigkeiten, die sich formal beschreiben und modellieren lassen. Die abstrakte Beschreibung menschlicher kognitiver Fähigkeiten ist deshalb entscheidend, während neurowissenschaftliche Beschreibungen nur die zufällige Realisierung dieser Fähigkeiten betreffen.
- Mehr-Ebenen-Konzeptionen
  - o Marr (1982): Implementierung, algorithmische Ebene, computationale Ebene
  - o Dennett: physikalische, funktionale und intentionale Ebene

Wissenschaftstheoretische Grundlagen der Kognitionswissenschaft

Was ist eine Erklärung?
- Was ist eine wissenschaftliche Erklärung? Welche Form haben Erklärungen? Was macht eine gute Erklärung aus? → Begriff scheint auf den ersten Blick eindeutig zu sein, wird aber immer unklarer („schwammiger"), je mehr man sich mit der Definition beschäftigt
- eigene Ideen: schwer zu definieren, Erklärungen können sich z.B. auf eine Ursache/Funktion beziehen, gute Erklärung sollte verständlich, präzise, erweiterbar, überprüfbar etc. sein
- klassische Antwort: deduktiv-nomologisches (DN)/Hempel-Oppenheim Schema
  - o Erklärung eines Ereignisses (Y ist (zu t2) passiert) deduktiv aus zwei Prämissen
    - ▪ 1) Einzelaussage: X ist (zu t1) passiert
    - ▪ 2) nomologische Gesetzes-Aussage: immer wenn X, dann Y
    - ▪ Schlussfolgerung: Y ist passiert
  - o Paradigma für Erklärungen in den harten, formalen Wissenschaften (vor allem Physik), enger Bezug zur Kausalerklärung

Andere Arten der Erklärung
- funktionale Erklärungen
  - o Erklärung eines Objekts oder Vorgangs über den Zweck, den es für eine höhere Struktur erfüllt → Erklärungsanspruch in der funktionalen Notwendigkeit
  - o Beispiel: Warum haben Menschen ein Herz? → weil dadurch Blut gepumpt wird
  - o kontroverse Frage: reduzierbar auf deduktiv-nomologische Erklärungen (z.B. über Theorie natürlicher Selektion, evolutionäre Entwicklung des Herzens)
- Realisierungserklärungen
  - o Erklärung mit Fokus auf die praktische Umsetzung oder Verwirklichung
  - o Beispiel: Wie können wir die Fähigkeit des Herzens zum Blutpumpen erklären? Wie genau wird dieser Prozess realisiert/verwirklicht? Wie macht das Herz das?
  - o Erklärung eines Phänomens durch Beschreibung seiner Realisierung (=/= kausal)
- rationale Erklärung
  - o Erklärung einer Handlung durch die Beschreibung ihrer Gründe

- o auch metaphorisch möglich: z.B. „Die Sonne geht auf, weil sie es möchte"
- o Beispiel: Warum hat er das gemacht? Welches Ziel wollte er damit erreichen?
- o kontroverse Frage: Ist das eine Art von Kausalerklärung bzw. was für eine?
- Arten von Erklärungen und Arten von Wissenschaften (kaum Infos)
  - o Geistes- vs. Naturwissenschaften
  - o Dilthey: „Die Natur erklären wir, den Menschen verstehen wir"
  - o Erklären (kausal, nomologisch) vs. Verstehen (rational, empathisch)

Integrationsherausforderung
- Integrationsproblem
  - o Geist/Kognition kann auf vielen verschiedenen Ebenen untersucht werden
  - o z.b. bottom-up: von individuellen Neuronen zu höheren kognitiven Funktionen
  - o z.b. top-down: von generellen Theorien bezüglich Gedanken und Kognition zu korrespondierenden Mechanismen, die im Gehirn realisiert werden
  - o jeder Ansatz funktioniert mit distinkten Erklärungsebenen, die oft auf separaten Disziplinen beruhen → Problem, die verschiedenen Level zu integrieren
- Reduktion: Findet bei Fokus auf eine Ebene/Disziplin ggf. eine Reduktion statt?
- Mehr-Ebenen-Modelle → verschiedene Arten von Erklärungen für jede Ebene

Mehr-Ebenen-Modell von Marr (1982)
- entwickelt als Modell für das menschliche visuelle System, Beispiel für Top-Down-Analyse
- Konzeption, wie verschiedene Erklärungsebenen verbunden werden können
- Unterscheidung von drei Ebenen zur Analyse kognitiver Systeme
- computationale Ebene (höchste Ebene)
  - o allgemeine Analyse der spezifischen Aufgaben, die ein kognitives System ausführt
  - o computationale Analyse identifiziert den Input und Output des kognitiven Systems
  - o Übersetzung einer generellen Beschreibung des kognitiven Systems in das spezifische Informationsverarbeitungs-Problem (Aufgabe), das gelöst werden muss
  - o Identifikation der Limitierungen für die Informationsverarbeitungs-Aufgabe
  - o rationale und funktionale Erklärungen → Gründe und Funktionen
- algorithmische Ebene (mittlere Ebene)
  - o Analyse, wie das kognitive System das spezifische Informationsverarbeitungs-Problem löst, das auf der computationalen Ebene identifiziert wurde
  - o Beschreibung von Algorithmen, die den Input in den Output transformieren
  - o Beispiel: Beschreibung, wie sensorische Informationen über Licht im visuellen Feld in eine dreidimensionale Repräsentation der Umwelt transformiert werden
  - o funktionale und Realisierungserklärungen → Funktionen und Umsetzung
- Implementierungs-Ebene (unterste Ebene)
  - o Identifikation einer spezifischen physischen Realisierung des Algorithmus
  - o physische Strukturen zur Realisierung der Repräsentationen und Mechanismen auf der neuronalen Ebene zur Computation der identifizierten Algorithmen
  - o Realisierungserklärungen → Umsetzung (letztendlich DN-Erklärungen)

Mehr-Ebenen-Modell von Dennett (1987)
- Grundidee: Verständnis/Erklärung/Verhaltensvorhersage eines Objekts, das Informationen verarbeitet, Objekt kann auf verschiedenen Abstraktionsebenen betrachtet werden
- physikalisch (*physical stance*)
  - o Bereich der Physik und Chemie, physikalischer/chemischer Aufbau eines Systems, physikalische Gesetze → Fokus auf Masse, Energie, Geschwindigkeiten etc.
  - o deduktiv-nomologische Erklärungen („harte" wissenschaftliche Erklärungen)
- funktional (*design stance*)
  - o biologischer und technischer Bereich, Vorhersagen basierend auf Wissen über den Zweck eines Systems → Fokus auf Ziele, Funktion, Design eines Systems etc.
  - o funktionale Erklärungen (Erklärung durch Funktion)

- intentional (*intentional stance*)
  - o Bereich des Geistes und der Software, Vorhersage (z.B. von Verhalten) basierend auf mentalen Zuständen → Fokus auf Überzeugungen, Gedanken, Absichten etc.
  - o rationale Erklärungen (Erklärung durch Beschreibung der Gründe)

Philosophie des Geistes und Philosophie der Psychologie

Grundzüge und Merkmale des Geistigen
- Intentionalität
  - o geistige Zustände und Erfahrungen haben einen semantischen Gehalt
  - o mentale Zustände sind „über" etwas (aboutness), beziehen sich auf etwas
  - o intentional object: „Ding", worüber der mentale Zustand ist/wovon er handelt
  - o intentional content: Art und Weise, wie der mentale Zustand Dinge repräsentiert
  - o propositionale Einstellungen: wissen, denken, wollen → „dass... (p)"
- Bewusstsein
  - o Cluster-Begriff mit verschiedenen Facetten, keine eindeutige Definition
  - o eine davon = phänomenales Bewusstsein: ein Lebewesen, das phänomenales Bewusstsein besitzt, nimmt nicht nur Reize auf, sondern erlebt sie auch („What is it like?") → wird in der Philosophie des Geistes als Qualiaproblem thematisiert
  - o paradigmatische phänomenale Zustände: Sinnesempfindungen, Gefühle etc.
  - o paradigmatische Zustände ohne phänomenalen Charakter: z.B. Blutzuckerwert, Cholesterinwert, Körpergewicht, Blutdruck, Hormonspiegel etc.
- Normativität
  - o mit Intentionalität einhergehend: normative Gesichtspunkte
  - o normativ = durch eine Norm, eine Regel oder ein Gesetz vorgegeben
  - o z.B. Wahrheit, Handlungsfehler, gute Gründe, Rationalität etc.

Leib-Seele-Problem: Trilemma
- verschiedene Darstellungsformen/Ansätze für das Leib-Seele-Problem vorhanden
- Bieri-Trilemma: Formulierung des Leib-Seele-Problems, wurde 1981 von Peter Bieri in der Einleitung seiner „Anthologie der *Analytischen Philosophie des Geistes*" vorgestellt
- Darstellung bezieht sich auf das Problem der mentalen Verursachung

Trilemma
- (i) Die natürliche Welt ist kausal geschlossen.
- (ii) Mentale Ereignisse sind kausal wirksam.
- (iii) Mentale Ereignisse sind keine physikalischen Ereignisse.
- Problem: Sätze können paarweise, aber nicht alle zugleich wahr sein
- Frage: Welche der Aussagen soll rausgewählt/eliminiert werden?

(i) wird rausgewählt
- Ergebnis: mentale Ereignisse sind kausal wirksam + sind keine physikalischen Ereignisse
- interaktiver Dualismus: es gibt physikalische und geistige Zustände, die getrennt voneinander existieren (geistige Zustände = anders), diese Zustände interagieren miteinander
- klassische Position seit Descartes, heute keine besonders populäre Position mehr
- Problem: Wie genau soll die Interaktion physikalischer und geistiger Zustände aussehen?

(ii) wird rausgewählt
- Ergebnis: Welt ist kausal geschlossen + ment. Ereignisse sind keine physikalischen Ereignisse
- epiphänomenaler Dualismus: mentale Ereignisse werden verursacht, verursachen aber selbst nichts, keine Auswirkungen auf die physikalische Welt → Mentales = Epiphänomen
- ebenfalls eher „absurder" Ansatz → Können mentale Ereignisse wirklich nichts verursachen?

(iii) wird rausgewählt

- Ergebnis: Welt ist kausal geschlossen + mentale Ereignisse sind kausal wirksam
- alle Formen von Physikalismus/Materialismus/Naturalismus im weiteren Sinne
- im weitesten Sinne (gemeinsamer Nenner aller Formen): **Supervenienz**
- Supervenienz
  - o philosophischer Fachbegriff zur Beschreibung der Verhältnisse von Eigenschaften
  - o M-Tatsachen (mentale Tatsachen) sind durch P-Tatsachen (physikalische Tatsachen) festgelegt → M-Tatsachen supervenieren auf die P-Tatsachen
  - o keine Änderung in M-Tatsachen ohne Änderung in P-Tatsachen möglich
  - o Frage: „Wenn Gott am ersten Tag die P-Tatsachen festlegt, muss er dann nochmal wiederkommen (um die M-Tatsachen festzulegen)?" → Antwort: Nein (?)
- Beispiel für Supervenienz
  - o Eigenschaften von Atomen legen die Materialeigenschaften von einem Holztisch fest
  - o damit sich die Materialeigenschaften ändern (äquivalent zur M-Tatsache), müssen sich zuerst die Atome ändern (äquivalent zur P-Tatsache)
  - o keine Änderung des Tisches (M-Tatsache) ohne Änderung der Atome (P-Tatsache)
- kompatibel mit verschieden starken Positionen

Spielarten des Physikalismus
- reduktiv vs. nicht-reduktiv und type vs. token
  - o reduktiv/type: jeder mentale Zustand lässt sich 1:1 abbilden
  - o type-type identity theory: jede Art mentaler Erfahrung (z.B. Schmerz) ist identisch zu einer korrespondierenden Art physischer Erfahrung (z.B. Feuern von C-Fasern)
  - o nicht-reduktiv/token: jedes mentale Ereignis kann in einem physikalischen Ereignis abgebildet werden, aber Klassen mentaler Ereignisse könnten nicht 1:1 durch Klassen physikalischer Ereignisse abgebildet werden (z.B. Unterschiede Mensch/Tier)
  - o Beispiel Unterschied type/token: der Typ „Kopfschmerz" meint Kopfschmerz als generelles Konzept, das Token „Kopfschmerz" meint einen einzelnen Kopfschmerz
- seltene Ausnahmeposition: eliminativer Materialismus
  - o Begriffe für mentale Zustände sind theoretische Begriffe, können sich zwar auf etwas beziehen, tun dies aber eigentlich nicht → es gibt keine mentalen Zustände
  - o Schlussfolgerung: mentalistische Theorien und Erklärungen sind inadäquat und sollten nicht nur auf Physiologisches reduziert, sondern eliminiert werden
  - o eher wenig verbreitete Position, viele Fragen und Gegenargumente

Nicht-reduktiver token-Physikalimus als Standardposition
- Hauptargument gegen reduktiven Physikalismus
  - o multiple Realisierbarkeit mentaler Zustände: einzelne, konkrete mentale Zustände (tokens) können durch verschiedene Gehirnzustände realisiert werden
  - o Beispiel: Schmerz wird bei Menschen und Lurchen durch unterschiedliche Prozesse verursacht → gleiche mentale Zustände, aber verschiedene Gehirnzustände
  - o Fazit: mentale Zustände können nicht mit Gehirnzuständen identisch sein
  - o multiple Realisierbarkeit trifft auch auf höherstufige Zustände zu (?)
  - o Implikationen für Wissenschaften generell: Mehr-Ebenen-Modelle statt Einheitswissenschaft, die alles 1:1 auf Physik zurückführt
- Hauptform nicht-reduktiven Physikalismus: Funktionalismus
  - o mentale Ereignisse werden durch ihre zugrundeliegenden Funktionen identifiziert → geistige Zustände sind das, was sie tun, wofür sie funktionieren sollen
  - o Beispiel: Schmerz bei Menschen durch Feuern von C-Fasern = Schmerz wird durch Feuern der C-Fasern identifiziert, Schmerz bei Katzen durch andere neuronale Aktivität = Schmerz wird durch diese andere neuronale Aktivität identifiziert

- o es spielt keine Rolle, „woraus" mentale Zustände und Prozesse bestehen, werden allein durch die Funktion definiert, die sie im kognitiven System erfüllen
- o ein geistiger Zustand ist definiert durch die Rolle, die er spielt a) im Verhältnis zum Input, b) im Verhältnis zu anderen mentalen Zuständen, c) im Verhältnis zum Output
- o Verhaltensdispositionen entstehen durch Interaktionen mehrerer mentaler Zustände
- o mentale Zustände/Ereignisse werden nur dann einer Instanz attribuiert, wenn angemessen funktionierende interne Zustände vorhanden sind
- o holistische (ganzheitliche) Definition von mentalen Zuständen als Netzwerken

Computationaler Funktionalismus
- in den Kognitionswissenschaften prominenter Ansatz
- mentale Zustände (Überzeugungen, Wünsche etc.) sind funktionale, computationale Zustände, die in verschiedenen Arten von Hardware realisiert werden können
- computationale Theorien sind dabei Realisierungserklärungen, wie es möglich ist, dass ein rein physikalisches System 1) intentionale Zustände mit semantischem Gehalt haben kann und 2) rational denken und schlussfolgern kann

Probleme für (nicht-reduktiven) Physikalismus
- Physikalismus: am wenigsten „problematische" Position, dennoch viele offene Fragen
- Problem: Subjektivität des Mentalen, vor allem phänomenale Zustände
- „What is it like to be a bat?" (Nagel, 1974): Fragen zu Bewusstsein, Leib-Seele-Problem, Limitierung von Objektivismus und Reduktionismus, phänomenologische Eigenschaften subjektiver Erfahrungen, Frage, was es bedeutet, ein bewusstes Lebewesen zu sein
- Erklärungslücke (Levine, 1983)
  - o für die meisten nicht-mentalen Supervenienzverhältnisse (z.B. Atome zu makroskopischen Objekteigenschaften) verstehen wir die Notwendigkeit der Supervenienz, bei mentalen Zuständen jedoch nicht nachvollziehbar
  - o mit bestimmtem Aufbau von Atomen gehen auf der höheren Ebenen bestimmte Materialeigenschaften einher, Erklärung ist gut nachvollziehbar
  - o bei mentalen Zuständen gibt es jedoch keine eindeutigen Erklärungen oder Supervenienzverhältnisse → Problem der subjektiven Erfahrungen
  - o wir können uns die physikalischen ohne die mentalen Zustände vorstellen (Zombies) oder die physikalischen mit anderen mentalen Zuständen (invertiertes Spektrum)
  - o Beispiel: invertiertes Farbspektrum, bestimmte neuronale Verarbeitung geht nicht zwingend mit derselben Wahrnehmung (demselben mentalen Zustand) einher
- Fehlen überzeugender funktionaler Analysen von intentionalen und phänomenalen Zuständen → Referat: Epiphenomenal Qualia (Jackson, 1982)

Nativismus vs. Empirismus

Einführung & Historisches

Zwei grobe Lesarten
- Lesart 1: differentialpsychologisch
  - Erbe-Umwelt-Debatte: Sind Merkmale/Verhalten biologisch oder umweltbedingt?
  - Frage nach genetischen Anteilen an interindividuellen Unterschieden
  - Beispiel: Einfluss von Anlage- vs. Umweltfaktoren auf Ausprägung von Extraversion
  - daraus abgeleitet: politische Implikationen und Debatten
- Lesart 2: allgemeinpsychologisch
  - Frage nach allgemeinen psychischen Merkmalen und deren (Un-)Abhängigkeit von Anlage- und Umweltfaktoren → Fokus eher auf universellen Merkmalen
  - Beispiel: Einfluss von Anlage- vs. Umweltfaktoren auf den Spracherwerb
  - daraus abgeleitet: politische Implikationen und Debatten
- Kern der Debatte
  - nativistische Perspektive: Wissen/Lernen über spezifische Dinge (z.b. Grammatik) basiert auf informations-spezifischen, angeborenen Biases und Mechanismen
  - empiristische Perspektive: Wissen/Lernen über spezifische Dinge basiert auf rationalen/logischen Fähigkeiten und inhalts-neutralen Lernmechanismen

Historischer Hintergrund
- Platon (5./4. Jahrhundert v.Chr.)
  - Meno/Phaedo, *Anamnesis* (Erinnerung an vergessene Inhalte)
  - Sokrates fragt einen Sklavenjungen nach den Axiomen der Euklidischen Geometrie → „sokratischer Dialog" (Gegenüber zur Selbsterkennung führen)
  - Was sind die angeborenen Inhalte? → *Formen*, könnten nicht aus konkreten Einzelbeobachtungen erschlossen werden
- John Locke (17./18. Jahrhundert)
  - Dilemma für Nativismus: entweder schlicht falsch oder reduziert auf die triviale Aussage, dass wir die angeborene Fähigkeit haben, Wissen zu erwerben
  - empiristisches Gegenmodell: Formierung von Ideen aus Sinneseindrücken → Modell kommt mit wenig angeborener Maschinerie aus
- nachfolgende Theorien (Hume, Mill etc.) machten Empirismus zum vorherrschenden Paradigma in der Psychologie/Philosophie → Kontinuität bis zum Assoziationismus
- Revival des Nativismus im 20. Jahrhundert: Ideen von Chomsky, Fodor etc.

Allgemeine Inhalte und Konzepte
- vor allem Einleitung von Samuels (2009) anschauen
- Debatten beschäftigen sich mit der Natur und dem Ausmaß unserer angeborenen psychologischen Ausstattung → mentale Fähigkeiten, die im Laufe einer normalen Entwicklung entstehen und nicht das Ergebnis von Lernprozessen sind
- globale Perspektive: allgemeine Aussagen über die gesamte Struktur des Geistes
- lokale Perspektive: Aussagen über spezifische psychologische Fähigkeiten
- Nativismus
  - unsere angeborene psychologische Ausstattung ist relativ reichhaltig
  - meistens keine Ablehnung von Lernmechanismen, Erwerb von Fähigkeiten oder Interaktion mit Umwelt, aber im Gegensatz zu Empirismus Annahme von einem höheren Ausmaß angeborener, oft domänenspezifischer Strukturen
  - lokaler Nativismus: eine bestimmte psychologische Fähigkeit ist angeboren

- o typische lokale Konzeptionen: angeborene Konzepte (z.B. „eins", „Objekt"), mental repräsentierte Informationen (z.b. über physische Objekte, Zahlen), psychologische Mechanismen (z.b. für Spracherwerb, Wahrnehmung)
- o globaler Nativismus: allgemeine Annahmen über angeborene psychologische Ausstattung → unklar, wie solche Sichtweisen formuliert werden können
- o generelle nativistische Perspektive: reichhaltige Konzeption unserer angeborenen psychologischen Ausstattung → 1) Geist enthält viele angeborene psychologische Strukturen, 2) ein Großteil der angeborenen Struktur ist domänenspezifisch
- o Nativismus und Modularität/domänenspezifische Mechanismen sind oft verbunden → psychologische Entwicklung lässt sich schlecht durch allgemeine Strukturen erklären, stattdessen großes Inventar domänenspezifischer Strukturen
- **Empirismus**
  - o unsere angeborene psychologische Ausstattung ist relativ gering/schwach
  - o meistens keine komplette Ablehnung angeborener Strukturen, aber von Nativismus abweichende Perspektive bezüglich Art und Ausmaß des Angeborenen
  - o lokaler Empirismus: eine bestimmte psychologische Fähigkeit ist nicht angeboren
  - o globaler Empirismus: Annahme, dass der Geist relativ wenig angeborene Struktur enthält → spezialisierte Strukturen/Fähigkeiten werden im Laufe der Entwicklung durch allgemeine, domänenübergreifende Lernmechanismen erworben
  - o weniger Verbindung zu bzw. Annahme von domänenspezifischen Strukturen

Beispiel: Spracherwerb
- Menschen erwerben in den ersten Lebensjahren zuverlässig ihre Muttersprache
- linguistischer Empirismus: Spracherwerb durch angeborene, generelle Mechanismen
- linguistischer Nativismus: Spracherwerb durch angeborene, sprach-spezifische Mechanismen
- innerhalb der Kategorien sind viele verschiedene abweichende Positionen möglich
- Position von Chomsky: domänenspezifische Sprachfähigkeit, universelle Grammatik

Begriffsbestimmungen

Was heißt angeboren?
- kein Konsens zum Begriff, aber gemeinsame Punkte in verschiedenen Ansätzen vorhanden
- erhebliche Schwierigkeiten, überhaupt zu verstehen, was „angeboren" bedeutet
- Definition: bei der Geburt vorhanden (*present at birth*)
  - o nicht notwendig: angeborene (*innate*) Fähigkeiten können sich auch erst später im Leben entwickeln, z.B. Entwicklung sexueller Charakteristiken in der Pubertät
  - o nicht hinreichend: Beispiel pränatales Lernen → Säuglinge können schon während der Schwangerschaft einfache Dinge lernen (z.B. Sprachrhythmen), dies reflektiert aber keine „richtigen" angeborenen Fähigkeiten, da die Inhalte erlernt wurden
- Definition: bei der Geburt dispositional/potenziell/als Anlage vorhanden
  - o für diese Definition notwendig: Unterscheidung zwischen in der Entwicklung bereits angelegten Fähigkeiten und dem Erlernen von Fähigkeiten
  - o Kritik von Locke (Empirismus): es gibt keine solche saubere Unterscheidung
  - o nicht notwendig: moderne Nativisten akzeptieren die (banale) Annahme, dass kognitive Traits von internen und externen Faktoren verursacht werden
- Definition: Angeborenes als „Kanalisierung"
  - o Grundidee: eine Fähigkeit X ist in Organismen mit dem Genotyp G angeboren in dem Maße, in dem X umweltmäßig in Organismen mit G kanalisiert ist
  - o Fähigkeit X ist in hoch kanalisiert in dem Maße, in dem ihre Entwicklung insensitiv zur Variation in den *normalen Umweltbedingungen* ist, in denen X entsteht

- o je „höher" die Kanalisierung, desto weniger sensitiv ist die Fähigkeit zu Variationen in den normalen Umweltbedingungen, in denen sich die Fähigkeit entwickelt
- o Beispiel (Samuels, 2009): die Eigenschaft, Beine zu haben, ist aus dieser Sicht stark „angeboren", da die Entwicklung von Beinen kaum von Umweltbedingungen abhängt
- o Kritik: Bewertung von Kanalisierung hängt stark davon ab, welche Variabilität in der Umwelt als relevant erachtet wird, das wiederum hängt von den explanatorischen Interessen der Nutzer des Konzepts ab → Debatten über „Innateness" reflektieren ggf. einfach nur Unterschiede in den explanatorischen Schwerpunkten
- o grundsätzliches Problem: Was zählt als „normale Umweltbedingungen?"
- o Beispiel (Samuels, 2009): Entwicklung von normalen Gesichtszügen wird in einer für menschliches Leben geeigneten Umwelt als höher kanalisiert angesehen als in der Umwelt der Gebärmutter, welche die Entwicklung störend beeinflussen kann
- o aber: Nativisten und Empiristen scheinen geteilte Annahmen über die Relevanz von Umweltbedingungen zu haben → unklar, ob das Konzept der „Kanalisierung" die Debatte über „Innateness"/Angeborenes tatsächlich trivialisiert
- Definition: angeborene Fähigkeiten als psychologisch primitiv
  - o angeborene psychologische Fähigkeiten sind primitiv in dem Sinne in dem sie a) im Zuge der normalen Entwicklung entstehen und b) nicht durch einen psychologischen Prozess wie Wahrnehmung, Schlussfolgerung etc. entstehen
  - o anders gesagt: der angeborene Geist besteht aus sich zuverlässig entwickelnden Fähigkeiten, deren Aneignung durch Psychologie nicht erklärt werden können → Fähigkeiten können nicht auf psychologische Prozesse zurückgeführt werden
  - o Abgrenzung psychologischer Erklärungen: Aneignung angeborener Strukturen kann nicht psychologisch erklärt werden → Biologie oder andere Wissenschaften
  - o „Building Blocks": Ressourcen für Theorien bezüglich psychologischer Entwicklung
  - o grundsätzliches Problem: Was zählt als „normale Entwicklung"? → vage Definition
  - o aber: alle Wissenschaften nehmen typischerweise eine Reihe unausgesprochener normaler Bedingungen an → ggf. für die Debatte nicht relevant?
- skeptische Positionen
  - o die Frage „Ist X angeboren?" ist keine wohlgeformte Frage
  - o der Begriff „angeboren" ist ein verworrener Begriff ohne klare Definition

Ist eine klare begriffliche Analyse überhaupt notwendig?
- Gegenposition zu klarer Definition (z.B. Carruthers et al., 2005): „angeboren" ist eine natürliche Art → wie biologische oder chemische Arten, z.B. „Tiger" oder „Gold"
- wie solche Arten (real) definiert sind, ist nicht a priori durch begriffliche Analysen angehbar, sondern a posteriori durch empirische Forschung → empirische Forschung zeigt die *Essenz*/die *wesentlichen Merkmale* der Art auf, z.B. der Art „angeboren"
- Begriff muss nicht klar definiert sein, um ihn zu verwenden, kann trotzdem nützlich sein und auf Dinge/Phänomene angewendet und untersucht werden → z.B. Was sind Unterschiede zwischen Dingen, die wir als „angeboren" und „nicht-angeboren" bezeichnen?

Moderner Nativismus

Das Induktionsproblem
- Deduktion: logisch zwangsläufig gültige Schlüsse (wenn die Prämissen wahr sind)
- Induktion: Schlüsse sind nicht zwangsläufig wahr, gelten mit bestimmter Wahrscheinlichkeit → involviert einen logischen Sprung: „wenn das gilt, dann ist das wahrscheinlich"
- Problem: für endlich viele Beobachtungen gibt es unendlich viele Interpretationen (unendlich viele Induktionsmöglichkeiten) → Wie soll die richtige Interpretation gefunden werden?
- nativistische Schlussfolgerung: es muss bestimmte Voreinstellungen/Annahmen geben

- Beispiel Sprachlernen
  - Kind steht beim Sprachlernen vor dem Induktionsproblem: es gibt unendlich viele Möglichkeiten, die verfügbaren Hinweise bezüglich Sprache zu interpretieren
  - Kinder brauchen bestimmte Voreinstellungen, z.b. Biases oder Heuristiken, um die Hinweise „richtig" zu interpretieren und Sprache angemessen zu lernen
- Beispiel radikale Übersetzung (Quine, 1960)
  - Szenario: Mensch kommt in eine vollkommen fremde Kultur mit fremder Sprache
  - möglicher Ansatz zum Lernen der Sprache: wiederkehrende Situationen suchen und Gesetzmäßigkeiten erkennen, Hinweise auf Vokabeln herauslesen etc.
  - Induktionsproblem: wenn ein Einheimischer z.b. bei der Hasenjagd auf einen Hasen zeigt und „Gavaga" sagt, gibt es unendlich viele Möglichkeiten, was dieses Wort bedeuten/bezeichnen könnte → Hase, schnell, Jagd, hinterher rennen etc.
  - dennoch scheint es bestimmte Voreinstellungen/Annahmen etc. zu geben, die alle Menschen mehr oder weniger gemeinsam haben und die es auch dem Mensch in der fremden Kultur ermöglichen würden, die fremde Sprache zu lernen

Poverty of the Stimulus Argument (PoSA)
- eines der einflussreichsten und am meisten diskutierten Argumente für Nativismus
- Grundidee: Informationen, die Kinder aus der Umwelt erhalten, sind zu arm an Daten, um die Grammatik für eine bestimmte Sprache auf rein empirische Weise zu lernen
- Beobachtung: jedes („normale") Kind lernt schnell und mühelos seine Muttersprache
- Kinder sind lediglich mit einer sehr begrenzten Menge an Daten (=Sätzen) konfrontiert
  → fehlerhafte Daten, wenig negatives Feedback von anderen Sprechern etc.
- Bezug zum Induktionsproblem: eine limitierte Menge an Sätzen (Input) ist mit unendlich vielen Grammatiken kompatibel → Kinder müssen richtige Grammatik identifizieren
- alle Kinder, die in einem Sprachraum aufwachsen, konvergieren auf eine produktive Grammatik → behandeln nie gehörte Sätze in gleicher, systematischer Weise
- Schlussfolgerung: einige Aspekte dieser Grammatik müssen angeboren sein
- Was ist angeboren? (Chomsky)
  - Language Acquisition Device (LAD): postuliertes Modul im Gehirn/Geist, das für den Spracherwerb erforderliches Wissen um Sprache und Grammatik enthält
  - Universalgrammatik: abstraktes Regelsystem, aus dem sich durch Setzung von Parametern die Grammatiken einzelner Sprachen ableiten lassen
- Kritik: negatives Feedback ist verfügbar und wird von Kindern genutzt, statistisches Lernen als mögliche Grundlage für einen nicht-nativistischen Ansatz zu Spracherwerb
- aber: negatives Feedback ist limitiert (viele grammatikalische Fehler treten gar nicht erst auf), evtl. angeborener, sprachspezifischer Mechanismus für statistisches Lernen?

Empirische Argumente
- linguistische und kognitive Universalien
  - nativistische Perspektive: alle natürlichen Sprachen teilen gewisse gemeinsame Eigenschaften → deutet auf angeborene, sprachspezifische Struktur hin
  - Gegenargumente: große Variation in der Einschätzung von Universalien, manche vermeintlichen Universalien sind nicht in allen Sprachen zu finden
  - Universalien müssen nicht unbedingt angeborene, sprachspezifische Strukturen reflektieren → können auch Ergebnis der historischen Entwicklung natürlicher Sprachen sein (z.B. Abstammung von einer gemeinsamen Sprache)
  - Universalien könnten auch das Ergebnis genereller kognitiver Charakteristiken sein → Struktur und Charakter von Gedanken, Gedächtnis, Kommunikation etc.
- sensible Phasen in der Entwicklung
  - kritische Phasen für die Entwicklung bestimmter Fähigkeiten/Kompetenzen
  - Beispiel Sprache: Fähigkeit für Spracherwerb nimmt nach 12 Jahren dramatisch ab

- o   nativistische Perspektive: angeborene Sprachfähigkeit mit spezifischem Zeitplan
- o   Gegenargumente: z.b. methodische Probleme bezüglich Evidenz für sensible Phasen
  → Studien nur mit „wilden" Kindern, Konfundierung mit anderen Faktoren
- Lernbarkeit und „preparedness"
  - o   Hypothese, dass bestimmte Reize evolutionär bedingt schneller gelernt werden
  - o   Beispiel: Konditionierbarkeit bestimmter Phobien → Reize wie z.b. Spinnen oder Schlangen werden schneller mit Angstreaktionen assoziiert/konditioniert
  - o   nativistische Perspektive: Lernbarkeit dieser Reize ist vermutlich angeboren
- Entwicklungsstörungen und doppelte Dissoziationen
  - o   nativistische Perspektive: verschiedene vererbbare Entwicklungsstörungen, welche Sprachfähigkeiten entweder selektiv beeinträchtigen oder „verschonen"
    → sprachliche Fähigkeiten müssen domänenspezifisch und angeboren sein
  - o   doppelte Dissoziationen: Fähigkeit A und Fähigkeit B → doppelte Dissoziationen liegen vor, wenn jede Kombination der beiden Fähigkeiten vorhanden ist
  - o   Beispiele: Kinder mit Williams-Beuren-Syndrom zeigen generell starke kognitive Defizite bei relativ intakten sprachlichen Fähigkeiten, Kinder mit Specific Language Impairment haben sprachliche Defizite bei normalen kognitiven Kapazitäten
  - o   Hinweis auf Modularität, auf funktionale Isolierung der Fähigkeiten/Module
  - o   Gegenargumente: z.b. Kinder mit Williams-Beuren-Syndrom zeigen syntaktische Defizite und gleichzeitig auch einzelne intakte generelle kognitiven Fähigkeiten
    → nicht unbedingt klar isolierte Beeinträchtigung der Fähigkeiten

Moderner Empirismus

Assoziationismus
- viele Empiristen unterstützen eine Form von Assoziationismus bezüglich Lernen/Kognition
- Annahme von Assoziationen als grundlegendes Prinzip für alle kognitiven Leistungen
- Entwicklung kognitiver Prozesse und Fähigkeiten wird allein durch Lernvorgänge erklärt
- relative „blank slate" Annahmen (Tabula Rasa) → wenig angeborene Struktur
- angeboren: basale Fähigkeiten der Wahrnehmung und basale Lernfähigkeiten (Assoziation)
- radikaler Assoziationsismus Behaviorismus seit den 1960ern am Aussterben

Neo-Assoziationismus
- neuere assoziationistische Ansätze, ebenfalls Annahme wenig angeborener Struktur
- viele Empiristen unterstützen eine Form von Assoziationismus bezüglich Lernen/Kognition
- komplexe Strukturen/Fähigkeiten entstehen als emergentes Phänomen in der Entwicklung
  → Bezug zu Modularität: Module als Resultat der generellen kognitiven Entwicklung
- Beispiel: Entwicklung einer „face processing area" durch generelle Bias für bestimmte visuelle Reize, nicht zwingend Resultat einer spezifischen angeborenen Struktur
- konnektionistische Ansätze seit den 1980ern
  - o   beschäftigt sich mit der Konnektion (Verknüpfung) neuronaler Elemente und wie sich dadurch höhere kognitive Fähigkeiten darstellen und erklären lassen
  - o   konnektionistische Modelle: Information wird durch nervenzellenartige Elemente verarbeitet, die erregende und hemmende Einflüsse auf andere Einheiten ausüben
    → Information wird als Aktivationsmuster neuronaler Elemente repräsentiert
- Konnektionismus und Nativismus
  - o   Ansätze können nativistische oder empiristische Perspektiven befürworten
    → abhängig von der Umsetzung der konnektionistischen Architektur
  - o   nativistische Auslegung: System mit vorbestimmten Gewichten und Algorithmen, die für eine bestimmte Art von Lernen optimiert sind (z.B. räumliche Orientierung)

- o empiristische Auslegung: System mit „generellen" Gewichten und Algorithmen, die lediglich die low-level Wahrnehmung beeinflussen (z.B. Aufmerksamkeit)

Mischformen
- konstruktivistische Ansätze seit Piaget
- Grundidee Konstruktivismus: Individuen reagieren nicht auf Reize einer objektiven Welt, sondern erzeugen anhand von Sinneseindrücken eine subjektive Realität
- Beispiel: Theorie Theorie (z.B. Gopnik & Meltzoff, 1997)
  - o Entwicklung durch angeborene, bereichsübergreifende Lernmechanismen
  - o ermöglichen die Entwicklung bereichsspezifischer Fähigkeiten in der Ontogenese
  - o Kinder generieren, testen und revidieren Theorien über ihre Umwelt
  - o Kombination aus Neonativismus und Konstruktivismus (APA Dictionary)

Nativismus & Modularität

Moderner Nativismus: meist kombiniert mit Annahme der Modularität
- Annahme: menschliche Informationsverarbeitung besteht aus einzelnen, voneinander unabhängigen Modulen → angeborene, bereichsspezifische Lernmechanismen
- Nativismus und Modularität sind oft verbunden, jedoch nicht zwingend gekoppelt
- psychologische Entwicklung lässt sich schlecht durch allgemeine Strukturen erklären → stattdessen großes Inventar domänenspezifischer Strukturen
- Landmark Paper: Modularity of Mind (Fodor, 1983) → Geist besteht aus genetisch festgelegten, funktional unabhängigen Modulen (special-purpose modules)
- unterschiedliche Positionen hinsichtlich der Frage, ob diese bereichsspezifischen Strukturen (Module) Adaptionen sind → evtl. generelles Resultat der kognitiven Entwicklung?
- verschiedene Argumente für und gegen Nativismus + Modularität vorhanden

Zusammenfassung Kultur und Kognition I

Hintergrund
- WEIRD: Western, Educated, Industrialized, Rich, Democratic
- Problem: ein Großteil der psychologischen Studien beruht auf WEIRD-Populationen
- Wissenschafter:innen kommen in der Regel auch aus WEIRD-Ländern/-Kulturen
- Frage der Generalisierbarkeit/Allgemeingültigkeit der Ergebnisse → Kann von Studien mit WEIRD-Populationen auf die gesamte Menschheit geschlossen werden?
- WEIRD-Kultur stellt evtl. eher eine „Randgruppe"/„Außenseiter" dar, unterscheidet sich von einem Großteil anderer Kulturen und sollte nicht unbedingt als Norm gesehen werden

Probleme und Biases („Home Field Disadvantage")
- marked vs. unmarked culture
  - o Bias: eigene Kultur wird als Standard/Norm gesehen
  - o Unterschiede in anderen Kulturen werden als Abweichung gesehen
  - o aus anthropologischer Sicht zu kritisieren: Was bedeutet „normal"?
- homogenous vs. heterogenous culture
  - o Bias: je mehr Distanz zu der Kultur, desto mehr wird Variabilität reduziert
  - o Beispiel: Amerikaner sehen weniger Unterschiede in der deutschen Kultur als Deutsche, die z.B. auch zwischen Ost-West oder Bundesländern unterscheiden
  - o Beispiel: oft Vereinheitlichung/Vereinfachung asiatischer Kulturen, obwohl es zwischen und auch innerhalb der Länder große Unterschiede geben kann
- regression toward the mean (?)
  - o Nutzung von auf die eigene Kultur angepassten Studienmaterialien
  - o keine Berücksichtigung von Aspekten wie unterschiedliche kulturelle Normen, sprachliche Besonderheiten, mögliche Verständnis-Probleme etc.
  - o kann zur Beobachtung schwächerer Effekte in anderen Kulturen führen
  - o Beispiel: amerikanische Witze für Studie zu Humor in anderen Kulturen

Kontrast 1: Industrielle vs. Small-Scale Kulturen

Müller-Lyer-Illusion
- Segall et al. (1966): systematischer Untersuchung der Wahrnehmung von fünf visuellen Illusionen in verschiedenen kulturellen Gruppen und Gesellschaften
- Untersuchung der Müller-Lyer-Illusion: Manipulation der Länge der beiden Linien, Erfassung der (ungefähren) Konfiguration, bei der die Linien als gleich lang wahrgenommen wurden → point of subjective equality (PSE), misst die Stärke der Illusion
- Ergebnisse: Phänomen konnte in fast allen Kulturen gefunden werden, aber Unterschiede zwischen Populationen vorhanden → stärkste Wahrnehmung der Illusion bei amerikanischen Studierenden, San-Volk (Afrika) nimmt die Illusion kaum/gar nicht wahr
- WEIRD-Kultur stellt wahrscheinlich eher einen Außenseiter und nicht die Norm dar
- mögliche Erklärung der Unterschiede: visuelle Exposition mit bestimmten Aspekten wie den vorherrschend rechtwinkligen Formen moderner Umgebungen → bestimmte optische Kalibrierungen und visuelle Gewohnheiten, die auch Illusionen beeinflussen, visuelles System passt sich in der Entwicklung an bestimmte Merkmale der lokalen Umgebung an
- kurz: Entwicklung in unterschiedlicher Umgebung (rechtwinklig vs. nicht-rechtwinklig)
- rechte Winkel/Ecken und Kanten etc. waren nicht im Großteil der menschlichen Entwicklung nicht Teil der visuellen Umwelt → Müller-Lyer-Illusion = kulturelles Nebenprodukt

- Problem: Kulturen unterscheiden sich in vielen verschiedenen Merkmalen → unklar, worauf die Unterschiede wirklich zurückzuführen sind/was die Unterschiede verursacht hat
- mögliche Lösungen: z.b. nicht-experimentelle Cluster von vielen Ländern mit bestimmten gemeinsamen Merkmalen, wenn möglich auch experimentelle Untersuchung
- wichtige Schlussfolgerungen
  - 1) selbst bei grundlegenden Prozessen wie der visuellen Wahrnehmung kann es deutliche Unterschiede zwischen verschiedenen Populationen geben
  - 2) amerikanische Studierende und Kinder fallen an die extremen Enden der Verteilung → entwicklungspsychologische Studien geben wenig Aufschluss
  - 3) Beispiel dafür, wie Unterschiede zwischen Populationen psychologische Prozesse beleuchten können → hier: visuelle Entwicklung und Einfluss der Umwelt

Fairness und Kooperation

- Ultimatum Game: zwei Versuchspersonen bekommen Geld für eine Interaktion, Proposer kann eine Aufteilung Vorschlagen, Responder kann annehmen, was zur Verteilung des Geldes gemäß des Vorschlags führt, oder ablehnen, wobei keiner von beiden Geld bekommt
- Dictator Game: Variante, Responder kann den Vorschlag nicht ablehnen
- Befunde in westlichen Kulturen
  - Proposer bieten in der Regel eine 50% Aufteilung an
  - obwohl es für den Responder ökonomisch rational wäre, alle Aufteilungen zu akzeptieren, werden Angebote unter 30% typischerweise abgelehnt
  - Dictator Game: Null-Angebote wären rational für Proposer, kommen aber selten vor
  - Hintergrund: Fairness-Normen, Bestrafung von Unfairness (auch bei eigenen Kosten)
- interkulturelle Befunde: in anderen Kulturen werden auch niedrigere Angebote akzeptiert
- Prädiktoren: Marktintegration (Austausch von Waren) und Religion sagen das Verhalten am besten vorher → je mehr Marktintegration, desto mehr „typisch westliche" Befunde

Folkbiological Reasoning

- Kinder von WEIRD-Eltern entwickeln ihr biologisches Denken im Vergleich zu Kindern in Small-Scale Kulturen in einer kulturell und erfahrungsmäßig verarmten Umwelt
- Anthropozentrismus
  - Kinder aus urbanen Umgebungen sehen Menschen zunächst als Prototypen und wenden diesen auf Tiere an, Sichtweise nimmt im Alter von 7 bis 10 Jahren ab
  - Native Kinder aus Wisconsin und den Yukatek Maya Gemeinschaften in Mexiko zeigen keine der typischen WEIRD-Muster, frühere Integration etc.
  - mögliche Erklärung: Unterschiede in Expertise → in ländlichen Umgebungen mehr Erfahrung mit natürlicher Welt, mehr Wissen über taxonomische Hierarchien
- unterschiedliche Basislevel
  - Beispiel: wenn jemand auf ein Rotkehlchen zeigt, sagt man zuerst „Vogel"
  - Basislevel bei WEIRD-Kindern sind grundlegende Kategorien von Lebewesen (z.B. Baum, Vogel, Fisch, Säugetier), Basislevel bei Kindern aus Small-Scale Kulturen beziehen sich auf spezifische Spezies (z.B. Eiche, Krähe, Barsch, Fuchs)
  - Befunde lassen sich ggf. wieder durch unterschiedliche Expertise erklären
- unterschiedliche induktive Strategien
  - Diversitätseffekt in USA, aber nicht bei Itza Maya gefunden → Itza Maya nutzen bei Induktion zu Bäumen eher kausale Zusammenhänge, mehr relevantes Wissen
  - Itza Maya sehen wilden Truthahn aufgrund kultureller Signifikanz als typischen Vogel → Typikalität basiert nicht auf Ähnlichkeit, sondern auf kulturellen Idealen
  - Befunde lassen sich ggf. wieder durch unterschiedliche Expertise erklären

Kausales Denken

- Beispiel: Bender & Beller (2009) → Studie zu kausalem Denken

- Satz: „The fact that wood floats on water is basically due to the wood/water".
  → Versuchspersonen sollten das Wort Holz oder Wasser in den Satz einsetzen
- Deutschland: ca. 70%/30%, China: ca. 40%/60%, Tonga: ca. 60%/40%
- mögliche Erklärung: in westlichen Ländern eher Fokus auf das treibende Individuum, in asiatischen Ländern Fokus auf Kontext (nur Hypothese, viele andere Unterschiede)

Räumliche Kognition
- unterschiedliche Sprachen haben unterschiedliche räumliche „Frames of Reference"
- egozentrisch, geozentrisch (Himmelsrichtungen), allozentrisch (absolut, objekt-zentriert)
- wichtig: räumliche Beziehungen werden in den Ländern/Kulturen nicht NUR egozentrisch, allozentrisch etc. beschrieben, es geht eher um Tendenzen und Präferenzen
- mögliche Erklärung: Umweltunterschiede (z.B. städtisches, rechtwinkliges Umfeld vs. weites Land) → je nach Umwelt sind unterschiedliche Beschreibungen des Raumes sinnvoll
- Frage: Handelt es sich dabei wirklich um ein kulturelles Merkmal? Könnten dieselben Unterschiede auch innerhalb einer Kultur gefunden werden?

Kulturübergreifende Gemeinsamkeiten
bestimmte optische Illusionen, Farbwahrnehmung, bestimmte Emotionen, False Belief Task, analoge numerische Kognition, soziale Beziehungen, psychologischer Essentialismus

Kontrast 2: westliche vs. nicht-westliche Kulturen

Public Goods Games
- Gruppe von Spielern, alle bekommen einen Geldbetrag und können so viel wie sie wollen in einen gemeinsamen Topf legen (Analogie: Steuern, Stiftungen, Krankenkassen)
- Geld im Topf wird z.B. mit 1,6 multipliziert und wieder auf die Spieler aufgeteilt
- typische Befunde
  - o obwohl es langfristig am besten wäre, alles in den Topf zu legen, zahlen viele Spieler (insbesondere bei Anonymität) nichts in den Topf ein („free rider")
  - o zunächst verdienen sie so mehr, weil sie zusätzlich zu ihrem Vermögen ihren Anteil aus dem Topf bekommen, aber am Ende bemerken das die anderen und werden auch zu „free ridern", sodass kein Geld mehr im Topf landet
  - o Reputationseffekte (bei Nicht-Anonymität) und Verwendung eines Teils des Vermögens, um „free rider" zu bestrafen, können dieses Verhalten unterbinden
- kulturelle Unterschiede (Herrmann et al., 2008)
  - o leichte kulturelle Unterschiede bei Bestrafung von „free riding"
  - o stärkere kulturelle Unterschiede bei anti-social punishment (Bestrafung von Spielern, die mehr in den Topf geben als andere) → kleinste Abweichungen in USA, Australien, Großbritannien, größte Abweichungen in Oman, Griechenland, Saudi-Arabien
  - o mögliche Erklärung: Bestrafung von „Gutmenschen", Wunsch nach Homogenität

Selbstkonzept
- westliche Kulturen: independent, unabhängige Individuen, fundamentaler Attributionsfehler
- Asien, Afrika, Native Amerika: interdependent, soziale Netzwerke, Fokus auf Kontext und soziale Rollen → aber: keine homogene Kultur, wichtige Unterschiede vorhanden
- Befund: 94% amerikanische Professoren beurteilten sich selbst als überdurchschnittlich (im Gegensatz zu Ostasien, Mexiko, Native Amerika, Chile und Fiji)
- Kinder aus westlichen Kulturen bevorzugen freie Entscheidungen/Wahlen, asiatische Kinder fühlen sich genauso gut, wenn vertraute Andere Entscheidungen für sie treffen
- weniger Konformität in westlichen Kulturen (z.B. klassisches Experiment von Asch)

Analytisches vs. holistisches Denken

- analytisch: Orientierung basierend auf fokalem Objekt, abstrakte Regeln
- holistisch: Orientierung basierend auf Kontext/Umfeld, Beziehungen und Assoziationen
- Amerikaner = eher analytisch, andere (China, Japan, Russland, Afrika etc.) = eher holistisch
- mögliche Faktoren: unterschiedliche Selbstkonzepte (independent vs. interdependent)
- empirische Beispiele: Rod and Frame Test, Embedded Figures Test (Witkin)
- kulturelle Unterschiede: je nach Kultur werden Proband:innen mehr oder weniger von dem restlichen Feld beeinflusst → Stab neigt sich z.b. mehr zu der umgebenden Form
- mögliche Erklärung: bei westlichen Kulturen eher Fokus auf das einzelne (fokale) Element, bei anderen Kulturen stärkerer Fokus auf Umgebung und Kontext

Moralisches Urteilen

- Stufentheorie (Kohlberg): wenig postkonventionelles Urteilen außerhalb westlicher Kulturen
- westlicher Fokus, vor allem bei Liberalen: Gerechtigkeit, Fairness, Vermeidung von Leid
- andere moralische Domänen (Haidt), stärker bei nicht-westlichen Kulturen und westlichen religiösen und/oder konservativen Personen verteten: Loyalität (ingroup vs. outgroup Dynamik), Respekt und Gehorsam (Autorität), Spiritualität und Reinheit
- zwei nicht-westliche ethische Prinzipien: ethic of community (Erfüllung interpersonaler Verpflichtungen etc.), ethic of divinity (Respekt gegenüber Religion/Heiligkeit etc.)

Gemeinsamkeiten/Ähnlichkeiten

Partnerwahl, Persönlichkeitsstruktur, Bestrafung von „free ridern"

Replizierbarkeit

Kulturelle Effekte und Replizierbarkeit

- Methodik und Replizierbarkeit auch in kulturvergleichender Forschung relevant
- viele kulturelle Befunde sind nicht replizierbar, stellt kulturelle Effekte in Frage
- selbst bei stabilen Befunden können immer noch viele andere Merkmale in den verschiedenen Kulturen zu vermeintlich kulturellen Unterschieden beitragen
- weiteres Problem: Forscher:innen sind in der Regel motiviert, Unterschiede zu finden
- Replikationsprojekt Manylabs 2
  - o exakte Replikationen mit großen Stichproben, insgesamt gemischte Befunde
  - o moralische Unterschiede zwischen Liberalen und Konservativen: Effekte konnten repliziert werden, aber Effektstärken nur noch halb so groß
  - o unterschiedliche Attributionen auf einen Agenten bei Japanern vs. Amerikanern (correspondence bias): kein kultureller Effekt gefunden
  - o stärkere Tendenz von Amerikanern vs. Indern, Handlungen als Entscheidungen zu konstruieren: keine signifikanten kulturellen Unterschiede gefunden
  - o formales vs. intuitives Denken in westlichen vs. ostasiatischen Kulturen: kulturelle Unterschiede umgekehrt (mehr formales Denken in asiatischen VPs)
  - o Zusammenhang zwischen nördlichem Standort und SES: hängt davon ab, wo wohlhabende Menschen leben, kultureller Effekt konnte repliziert werden
  - o Post-hoc explorative Analysen: in den meisten Fällen kein Effekt von WEIRDNESS

Kultur und Kognition II
Kulturvergleichende, Entwicklungs- und komparative Psychologie

Einführung

Fragen und Antworten
- Frage: Welchen Mehrwert haben Entwicklungs- und komparative Perspektiven für Fragen des Kulturvergleichs?
- (mittel-)interessante Antworten
  - ontogenetisch: Frage nach ontogenetischer Entstehung von universellen/variablen Eigenschaften → Wie entstehen die Eigenschaften im Laufe der Entwicklung?
  - phylogenetisch: Frage nach Universalität/Variabilität jenseits der Spezies-Grenzen → Wie ist die Eigenschaft bei anderen Spezies (z.B. Primaten) ausgeprägt?
- noch interessantere Antworten
  - evolutionär: Frage nach biologischen Grundlagen, die über die Evolution des Menschen hinausreichen → evolutionäre Entwicklung/Geschichte
  - erste Schritte auf dem Weg zur *Erklärung* zugrundeliegender *Prozesse*
- Haun (2015): Kombination aus kulturvergleichenden, komparativen und entwicklungs-psychologischen Studien → essenziell für das Verständnis der Interaktion von kulturellem Kontext und angeborenen Prädispositionen in der menschlichen Entwicklung
- Erklärungsebenen nach Tinbergen (1963)
  - proximate Ebenen: a) ontogenetische und b) kausale Erklärungen
  - ultimate Ebenen: c) phylogenetische und d) adaptive Erklärungen
  - kombinierter Ansatz kann helfen, die Ebenen a-c zu adressieren

Erblichkeit von Prädispositionen
- „erbliche" kognitive Charakteristiken sollten als Teil der evolutionären Ausstattung der Spezies gesehen werden → vererbt vom Last Common Ancestor (LCA)
- Entwicklungspsychologie
  - frühe Entwicklung einer kognitiven Kapazität oder Präferenz deutet auf Erblichkeit hin, späte Entwicklung schließt Erblichkeit der Eigenschaft aber nicht aus
  - Studien mit Säuglingen/Kindern sind allein nicht ausreichend, um die Relevanz erblicher Prädispositionen für eine bestimmte Eigenschaft zu bestimmen
- komparative Forschung
  - Auftreten bestimmter kognitiver Eigenschaften über mehrere Spezies hinweg deutet auf Erblichkeit hin → Vergleich von Menschen mit diversen Primaten
  - Stärke der Inferenz über die Erblichkeit einer Eigenschaft hängt von der Stichprobe bzw. Spezies ab → Vergleiche müssen taxonomisch informiert sein
  - cladistics: Klassifikation von Spezies zur Reflektion der evolutionären Entwicklung → Klade = Gruppe von Spezies mit einem gemeinsamen Vorfahren
  - phylogenetic comparative methods (PCM): statistische Methoden zur Rekonstruktion von wahrscheinlichen Vorfahren und gemeinsamen kognitiven Eigenschaften

Theoretische Ansätze

Nativismus
- wichtige Personen: Noam Chomsky, Jerry Fodor
- Nativismus postuliert durchaus kontrovers diskutierte Annahmen

- Versuch der Erklärung von Universalität (angeborene Prinzipien) und Variabilität (setzbare Parameter) → Prinzipien und Parameter werden nativistisch betrachtet
- Gegenstandsbereiche
  - Sprache: Universal Grammar, Principles and Parameters Model
  - Principles and Parameters Model: Syntax einer natürlichen Sprache wird durch generelle Prinzipien und spezifische Parameter beschrieben, Parameter können für spezfische Sprachen entweder „eingeschaltet" oder „abgeschaltet" werden
  - Moral: Universal Moral Grammar (Mikhail, 2007) → Versuch, moralische Urteile mit einem System analog zur linguistischen Universalgrammatik zu beschreiben

Core Knowledge Theorien
- wichtige Personen: Susan Carey, Elizabeth Spelke
- Annahme von Kernsystemen: kleine Anzahl grundlegender kognitiver Mechanismen
- nativistisch bezüglich basaler angeborener kognitiver Prozesse
  - Kinder sind mit einem begrenzten Set an angeborenem Wissen in Kernbereichen ausgestattet → ermöglicht Bildung von informellen, intuitiven Theorien
  - Kernwissen bezieht sich auf Bereiche, die im Laufe der Evolution von Bedeutung waren → Objekte, Aktionen, Zahlen, Raum, und evtl. soziale Beziehungen
  - Mechanismen sind ontogenetisch früh vorhanden (Entwicklung im Kindesalter), universell und oft phylogenetisch älter (geteilt mit anderen Primaten)
- Eigenschaften der Mechanismen
  - domänenspezifisch, Repräsentation einer bestimmten Instanz/Einheit
  - aufgabenspezifisch, Nutzung von Repräsentationen für Tracking und Recognition
  - nutzen und senden nur ein Subset der Input- bzw. Output-Informationen
  - relativ automatisch und nicht durch explizite Überzeugungen beeinflussbar
- Sprache und Core Knowledge
  - Sprache wird als Motor höherer Kognition gesehen
  - oft: Verbindung von Information aus mehreren Core Knowledge Bereichen
  - Beispiele: Raumkognition, numerische Kognition
- Beispiel: numerische Kognition
  - zwei grundlegende Systeme: genaue + approximative Einschätzung von Mengen
  - Systeme stellen basale Prozesse dar, noch keine „richtige" Mathematik
  - sprachlicher Aspekt beinhaltet vor allem rekursive Zahlwörter → X, X+1 etc.
  - „richtige" Mathematik und numerisches Denken entwickeln sich auf Basis der beiden basalen Systeme PLUS Sprache mit einem rekursiven Zahlensystem

Vygotsky und Kulturpsychologie
- wichtige Personen: L. Vygotsky, A. Leont'ev, A. Luria
- Kultur wird als integraler Bestandteil der menschlichen Psyche verstanden
- Unterscheidung von basalen vs. höheren kognitiven Fähigkeiten
  - basale Fähigkeiten: evolutionär/ontogenetisch älter, kulturunabhängig, universell
  - höhere Fähigkeiten: einzigartig menschlich, entstehen später in der Ontogenese auf Basis von kulturellen/sprachlichen Einflüssen → mehr Kulturvariabilität
  - in der Entwicklung „verschmelzen" eine natürliche und eine kulturelle Linie
  - kulturell geprägte höhere psychische Funktionen = spezifisch menschliche psychische Prozesse → entwickeln sich durch Umbildung natürlicher, basaler Funktionen
- zentrale Rolle von Sprache und anderen kulturellen psychischen Werkzeugen
  - Sprache und kulturelle Werkzeuge = externe Symbolsysteme, die zunächst öffentlich verwendet werden und danach für innere kognitive Prozesse verinnerlicht werden
  - Sprechen und Denken sind weder identische noch völlig getrennte Prozesse
  - Sprechen drückt das Denken nicht aus, sondern das Denken „vollzieht" sich in dem Sprechen und bekommt so eine soziale Form

- o   drei Formen (unterscheiden sich in Funktion und Struktur): 1) äußeres, mündliches Sprechen, 2) inneres Sprechen und 3) schriftliches Sprechen
- o   inneres Sprechen entwickelt sich über Internalisierung aus dem äußeren Sprechen und wird zu einer formal und funktional anderen Art des Sprechens
- Rolle von Sprache und Kognition in der ontogenetischen Entwicklung
  - o   Beispiel: Selbstinstruktion → fortschreitende Internalisierung der Sprache, wird irgendwann zum leitenden kognitiven Medium („in Sprache denken")
  - o   Kind wird erst von anderer Person instruiert und lernt, den Instruktionen zu folgen
  - o   beginnt, sich selbst öffentlich zu instruieren → irgendwann inneres Sprechen
  - o   Sprache wird genutzt, um andere zu instruieren → Kind internalisiert und lernt damit sich selbst zu steuern und zu strukturieren (auch praktisch relevant)
- Rolle von Sprache und Kognition in der historischen Entwicklung
  - o   Beispiel: Schriftspracherwerb und Logik
  - o   ohne Sprache wäre nicht die Art von historischer/kultureller Entwicklung möglich, die bei Menschen und menschlicher Kultur beobachtet werden kann
  - o   Erwerb von Schriftsprache hat zentrale Auswirkung auf unser logisches Denken
  - o   viele Aspekte unserer Kognition wären ohne geschriebene Sprache nicht möglich → z.B. logisches Denken, Argumente strukturieren (man stellt sich z.B. vor, wie man Prämissen aufschreibt, und kann in dem Prozess dann argumentieren)
  - o   Studie von Luria: Landbevölkerung in Usbekistan, nur ein Teil war alphabetisiert, Aufgaben zu deduktivem Schließen und Zusammenhang mit Alphabetisierung → Schriftsprache verhilft zu besserem hypothetischen deduktiven Schließen

Neo-vygotskianische Theorien kulturellen Lernens

- Weiterentwicklung von Vygotsky: soziale Kognition und kulturelles Lernen als Grundlagen einzigartig menschlicher höherer geistiger Fähigkeiten (z.B. Tomasello, 1999; 2015)
- elementare geistige Fähigkeiten: gemeinsame kognitive Fähigkeiten zwischen Menschen und anderen Spezies (vor allem Primaten), evolutionär geteilt
- spezifisch menschlich: soziale Kognition ermöglicht kulturelles Lernen, kulturelles Lernen ermöglicht wiederum kulturelle Praxis und Sprache
- Sprache wiederum transformiert kognitive Fähigkeiten → höhere geistige Fähigkeiten
- Evidenz: viele kognitive Fähigkeiten sind (zumindest ca. bis zum zweiten Lebensjahr) bei Menschen und anderen Spezies ähnlich, jedoch signifikante Unterschiede in der Entwicklung sozialer Kognition → Menschen/Kinder sind z.B. Primaten überlegen
- Tomasello (2014): „The ultra-social animal" → Social Intelligence Hypothesis, einzigartige soziale Kognition = grundlage für höhere kognitive Fähigkeiten und Moralität
- Tomasello (2015): „The ontogeny of cultural learning" → einzigartige kumulative kulturelle Evolution, basiert auf früher Tendenz zu Konformität, Instruktion durch Erwachsene, und der dadurch ermöglichten Erschaffung von „objektivem" kulturellen Wissen

Methodische Herangehensweise

Grundlegendes/Ausgangspunkt

- Welche Aspekte variieren?
  - o   kognitive Fähigkeiten → generelle Charakteristiken, Eigenschaften etc.
  - o   kognitive Tendenzen/Vorlieben → alle beherrschen die Fähigkeit, aber manche Menschen/Gruppen/Kulturen tendieren eher dazu als andere
  - o   kognitiver Gehalt → z.B. alle haben ähnliche Tendenzen bezüglich Moral, aber der Gehalt der moralischen Urteile kann je nach Kultur variieren
- Daten-Basis: Muster an Variation über Kulturen, Entwicklungsstadien, Spezies

- idealerweise: nächste Schritte → (experimentelle) Untersuchung kognitiver Prozesse

Interaktion von Prädispositionen und kulturellem Kontext
- häufige (nicht zwingend korrekte) Schlussfolgerungen
  - o interkulturelle Variation: Erwerb/Entwicklung der kognitiven Fähigkeit hängt nur von Umweltbedingungen und nicht von erblichen Prädispositionen ab
  - o keine interkulturelle Variation: Erwerb/Entwicklung der kognitiven Fähigkeit hängt nur von erblichen Prädispositionen und nicht von Umweltbedingungen ab
  - o Schlussfolgerungen sind inadäquat → kulturelle Umwelt-Kontexte und erbliche Prädispositionen sind in stetiger Interaktion, keine klare Reduktion möglich
  - o interaktive Entwicklungsmuster nehmen oft charakteristische Formen an

Interkulturelle kognitive Variation reflektiert
- a) genetische Variation auf Populationsebene
  - o angeborene Dispositionen vorhanden, bestimmen die Variation der Fähigkeit
  - o politisch/historisch kontroverse und problematische Erklärungen, kann nicht komplett ausgeschlossen werden, für Menschen jedoch recht unwahrscheinlich
  - o Beispiel: Verwendung von linguistischem Ton (Tonhöhe für lexikalische und grammatische Differenzierung) ist auf Populationsebene tlw. genetisch bestimmt → Beziehung zwischen der Häufigkeit von zwei Allelen und linguistischem Ton
- b) kontext-abhängiges kulturelles Lernen in Abwesenheit erblicher Prädispositionen
  - o keine Prädispositionen vorhanden, kulturelles Lernen führt zu Unterschieden
  - o Beispiel: Ebbinghaus-Illusion → erhöhte Anfälligkeit von Himba-Stichprobe nach Exposition mit urbaner Umgebung, Kinder sind weniger anfällig als Erwachsene, Paviane zeigen keine Verzerrung (keine Prädisposition/Vererbung)
- c) kontext-abgängiges kulturelles Lernen mit Überschreibung von Prädispositionen
  - o angeborene Prädispositionen vorhanden, kulturelles Lernen überschreibt die Prädispositionen und führt zu kulturellen Unterschieden
  - o Beispiel: räumliche Kognition/Referenzsysteme → Kinder und diverse Primaten bevorzugen allozentrische Systeme (Prädisposition), später jedoch auch Präferenz egozentrischer Systeme möglich (häufig in westlichen Kulturen)

Interkulturelle Invarianz reflektiert
- d) erbliche Prädispositionen, die nicht durch Lernerfahrungen modifiziert werden können oder nicht unter Veränderungsdruck stehen
  - o angeborene Prädispositionen vorhanden, nicht anfällig für kulturelles Lernen oder keine Notwendigkeit der Veränderung durch Umweltkontexte
  - o Beispiel: approximative Mengeneinschätzung → kulturübergreifende, gemeinsame Fähigkeit, Ansätze bereits bei Säuglingen vorhanden (starke Prädisposition)
- e) kontext-abhängiges kulturelles Lernen in Reaktion auf universelle Umweltkontexte
  - o keine Prädispositionen vorhanden, kulturelles Lernen in universellem Umweltkontext
  - o Beispiel: deklarative referentielle Gesten → hohe kulturelle Stabilität, Lernen tlw. durch soziale Interaktion, Schimpansen zeigen imperative und nicht-referentielle Gesten, können aber ggf. referentielle Gesten erlernen (keine Prädisposition)
- wichtig: kategoriale Struktur ist nur eine Annäherung, ignoriert den graduellen und dynamischen Entwicklungsprozess → dient eher als didaktisches Werkzeug

Psychologische Grundlagen von (Universalität &) Variabilität

Perzeptuelle und andere Formen des Lernens
- Perceptual Narrowing
  - o Einengung der Wahrnehmungsfähigkeiten durch Umwelterfahrungen

- o Sprachwahrnehmung: Säuglinge können Phoneme verschiedener Sprachen (z.B. Englisch und Salish) gut voneinander unterscheiden, Fähigkeit geht im Laufe der Entwicklung „verloren" → Einengung auf vorherrschende Sprache(n)
- o Gesichtswahrnehmung: Säuglinge können alle Arten von Gesichtern gleich gut unterscheiden, danach Einengung auf dominierende ethnische Gruppen
- generelle Entwicklungsverläufe
  - o Einengung der Wahrnehmung ist in allen Kulturen „irgendwie" vorhanden
  - o bestimmte Aspekte der Einengung können je nach kulturellem Umfeld variieren
- Kulturabhängigkeit
  - o Inhalt: kann je nach kulturellem Umfeld variieren → bei asiatischen Ländern z.B. Einengung der Wahrnehmung auf asiatische Gesichtsmerkmale, bei europäischen Ländern eher Einengung auf kaukasische Gesichtsmerkmale
  - o Grad der Einengung: hängt von der spezifischen Umgebung ab → bei multilingualem Aufwachsen z.B. Aufrechterhaltung der Differenzierung der verschiedenen Sprachen, bei monolingualem Aufwachsen Einengung auf die eine Sprache
- Theorien zu Entwicklungsverläufen (Grafik)
  - o verschiedene Ansätze, wie sich Perceptual Narrowing entwickelt
  - o Universal Theory: fully developed → maintenance vs. loss
  - o Attunement Theory: partially developed → facilitation vs. maintenance vs. loss
  - o Perceptual Learning Theory: undeveloped → induction vs. no effect
  - o Universal Theory und Attunement Theory treffen am ehesten zu
- Wahrnehmungstäuschungen
  - o komparativ → z.B. Vergleich von Menschen und Pavianen
  - o Kulturunterschiede → z.B. Vergleich von englischer und Himba-Stichprobe
  - o Entwicklung → z.B. Vergleich verschiedener Altersgruppen
  - o Beispiel: Ebbinghaus-Illusion

Ebbinghaus-Illusion

- Beispiel für kontext-abhängiges kulturelles Lernen in Abwesenheit erblicher Prädispositionen
- Parron & Fagot (2007)
  - o komparative Studie, Wahrnehmung der Illusion bei Menschen und Pavianen
  - o Paviane zeigen eher eine wahrheitsgemäße Wahrnehmung des inneren Kreises
  - o bei Menschen deutliche Verzerrung → Illusion = ggf. rein menschliches Phänomen
- Studien mit Himba (Volk im nördlichen Namibia
  - o de Fockert et al. (2007): Himba erlebten die Ebbinghaus-Illusion deutlich schwächer im Vergleich zu englischen Studierenden
  - o Caparos et al. (2012): Himba zeigten erhöhte Anfälligkeit für die Illusion bereits nach kurzer Exposition mit urbaner Umgebung
- Doherty et al. (2010)
  - o Untersuchung englischer Kinder (verschiedene Altersgruppen) und Erwachsene
  - o 4-jährige Kinder nehmen die Illusion kaum wahr und schätzen die Größe des inneren Kreises genau ein, nach und nach zunehmende Anfälligkeit für die Illusion
  - o große Verzerrung bei Erwachsenen, 9- bis 10-Jährige immer noch überlegen
- Doherty et al. (2008)
  - o Untersuchung der Unterschiede zwischen individualistischen vs. kollektivistischen Kulturen und holistischer vs. atomistischer Wahrnehmung
  - o stärkere Verzerrung bei kollektivistischen Kulturen, holistischer Wahrnehmung
- Imada et al. (2013)
  - o Wahrnehmung der Illusion bei japanischen und US-amerikanischen Kindern
  - o 4- bis 5-jährige Kinder zeigen gleich gute Performanz, mit dem Alter (6- bis 9-Jährige) stärkere Wahrnehmung der Illusion, größerer Effekt bei japanischen Kindern
  - o Entwicklung der Populationen läuft mit zunehmendem Alter auseinander, kulturelle Unterschiede scheinen sich nach dem Vorschulalter zu entwickeln

- Gesamtbild: Wahrnehmung der Illusion scheint sich in manchen Populationen relativ spät und in anderen gar nicht zu entwickeln, scheinbar keine angeborenen Prädispositionen, Variation entsteht durch kontext-abhängige kulturelle Erfahrungen

Sprachlich vermittelte Kognition
- verschiedene Lesarten des Zusammenhangs von Sprache und Kognition
- 1) Sprache und Kognition ontogenetisch → Sprache als „Entwicklungsmotor"?
- 2) Sprachen und Kognition (Sapir-Whorf etc.) → Referat zu räumlicher Kognition
- 3) Sprache als Medium der Kognition → Notwendigkeit für kognitive Fähigkeiten?

Lesart 1: Sprache als ontogenetische Grundlage höherer Formen der Kognition
- methodische Herangehensweisen
  - o komparative Analysen → Gemeinsamkeiten und Unterschiede mit/ohne Sprache
  - o längsschnittliche Korrelationen → z.b. Entwicklungsverlauf, Kohortenvergleich
  - o Trainingsstudien → bestimmte sprachliche Aspekte trainieren (?)
  - o natürliche Quasi-Experimente → Beispiel: Nicaraguan Sign Language
  - o spezifischere Annahmen notwendig/vorhanden → z.b. sprachlicher Aspekt XYZ ist zentral für kognitive Fähigkeit, Vergleich von Sprachen mit/ohne XYZ

Beispiel: numerische Kognition
- zwei Kern-Kompetenzen
  - o phylogenetisch und ontogenetisch alte Systeme für numerische Kognition
  - o 1) Object File System: exakt, für Mengen <4 → z.b. Xu & Carey (1996), Säuglinge können kleine Mengen von Objekten unterscheiden/individuieren
  - o 2) Analoge Magnitude System: approximativ, für beliebig große Mengen → Mengen können „auf einen Blick" eingeschätzt bzw. unterschieden werden
- Grundlage für echtes numerisches Denken
  - o Systeme stellen basale Prozesse dar, noch keine „richtige" Mathematik
  - o sprachlicher Aspekt beinhaltet vor allem rekursive Zahlwörter → X, X+1 etc.
  - o „richtige" Mathematik und numerisches Denken entwickeln sich auf Basis der beiden basalen Systeme PLUS Sprache mit einem rekursiven Zahlensystem
- Exkurs: Rekursion/rekursiv
  - o Rekursion: prinzipiell unendlicher Vorgang, der sich selbst als Teil enthält oder mithilfe von sich selbst definierbar/beschreibbar ist → Selbstbezug
  - o in der Mathematik: Aufruf oder Definition einer Funktion durch sich selbst
- Pica et al. (2004)
  - o Untersuchung von numerischer Kognition in Sprache ohne Zahlwörtersystem
  - o Mundurukú: einheimische Sprache im Amazonas-Gebiet, Sprache wurde erst vor kurzem entdeckt, nur von wenigen Menschen beobachtet/gelernt
  - o Sprache hat kein klares, rekursives Zahlsystem wie andere Sprachen, keine Begriffe für Mengen > 5, eher approximative Bezeichnungen
  - o Ergebnisse: keine Unterschiede bei approximativen Einschätzungen, aber schlechtere Performanz bei exakten arithmetischen Aufgaben mit Zahlen > 4 oder 5
  - o Befunde deuten auf Unterscheidung zwischen einem nonverbalen approximativen System und einem sprachbasierten System für exakte Mengen und Zahlen
  - o Befunde sind viel diskutiert und umstritten (? Notiz von der Folie)

Beispiel: Nicaraguan Sign Language
- Sprache entstand seit den späten 1970er/frühen 1980er Jahren → es gab keine formale Gebärdensprache, im Rahmen einer Bildungsreform wurde eine zentrale Gebärdensprache entwickelt und vorangetrieben, wurde schnell immer komplexer
- Quasi-Laborsituation der Sprachentstehung: Sprache entstand sozusagen im „Zeitraffer", ermöglichte den Vergleich verschiedene Kohorten, die die Sprache zu unterschiedlichen Zeitpunkten erworben haben → unterschiedliche Level an Komplexität

- erlaubt die Untersuchung der Auswirkungen sprachlicher Komplexität auf kognitive Fähigkeiten → Vergleich von Sprecher:innen verschiedener Kohorten
- zwei Beispiele für Sprache und kognitive Fähigkeiten: Theory of Mind, Raumkognition
- Theory of Mind: Pyers & Senghas (2009)
  - Theory of Mind bei verschiedenen Kohorten, längsschnittlicher Vergleich
  - Maße: spontane Verwendung mentaler Verben, non-verbale ToM Tests
  - zunächst große Unterschiede zwischen den Kohorten → erste Kohorte zeigt wenig Verwendung mentaler Ausdrücke und geringes Verständnis von False Belief
  - zwei Jahre später nicht mehr so große Unterschiede → erste Kohorte „holt auf", konnte sich die zugenommene Komplexität der Gebärdensprache aneignen
  - deutet darauf hin, dass Sprache und sprachliche Komplexität eine zentrale Rolle für die Entwicklung und Ausübung von Theory of Mind spielen
- Raumkognition: Pyers et al. (2010)
  - Raumkognition bei verschiedenen Kohorten, querschnittlicher Vergleich
  - Untersuchung, welche sprachlichen Aspekte mit Raumkognition zusammenhängen
  - bisherige Befunde deuten darauf hin, dass die korrekte und konsequente Markierung von Links und Rechts mit Erfolg bei räumlichen Aufgaben zusammenhängt
  - Unterschied zwischen den Kohorten: erste Kohorte verwendet inkonsistente Links-Rechts-Markierungen, zweite Kohorte zeigt eher konsistente Strategien
  - zwei räumliche Task mit farblich markierter Wand als „Landmark", Versuchspersonen sollten ein verstecktes Objekt finden und den Standort beschreiben
  - disoriented condition: Objekt wurde in einer Ecke versteckt, Versuchspersonen haben die Augen verbunden bekommen und wurden langsam gedreht, bis sie desorientiert waren, danach Beschreibung, wo sich das Objekt befindet
  - rotated box condition: Objekt wurde in einem verkleinerten Modell des Raumes versteckt, Versuchspersonen haben die Augen verbunden bekommen und der Raum wurde rotiert, danach Beschreibung, wo sich das Objekt befindet
  - zweite Kohorte zeigte deutlich bessere Performanz in beiden Bedingungen
  - Konsistenz der räumlichen Links-Rechts-Markierungen korrelierte mit Performanz in der disoriented condition, Konsistenz der sprachlichen/räumlichen Platzierung der markierten Wand korrelierte mit Performanz in der rotated box condition
  - Analysen schließen kulturelle Einflüsse oder generelle kognitive Defizite aus
  - Schlussfolgerungen: Limitierungen der räumlichen Kognition können bis ins Erwachsenenalter bestehen bleiben (erste Kohorte ca. 30 Jahre alt), konsistente räumliche Sprache ist notwendig für bestimmte Aspekte räumlicher Kognition
  - Autor:innen: unklar, welcher Mechanismus für die Beziehung verantwortlich ist

Lesart 2: Sprache und Kognition → Denken und Maskierung
- Sprache kann ggf. kognitive Strategien/die Art und Weise des Denkens beeinflussen
- Sprache und kulturelle Einflüsse können angeborene Tendenzen „überschreiben"
- Haun et al. (2006)
  - drei zentrale Bezugssysteme (Frames of Reference): relatives/egozentrisches System, intrinsisches/objekt-zentriertes System, absolutes/geozentrisches System
  - Experiment 1: räumliche Kognition in verschiedenen Kulturen/Sprachen
  - Experiment 2 und 3: räumliche Kognition bei Kindern und Primaten
  - räumlich-relationales Lernen variiert interkulturell, Präferenzen korrelieren mit Sprache → orientiert am vorherrschenden Frame of Reference
  - Kinder und Primaten bevorzugen allozentrische Verarbeitung des Raumes
  - angeborene Tendenzen werden durch sprachliche/kulturelle Unterschiede maskiert
  - „Überschreibung" ist kein rein westliches Phänomen → relative Systeme können in diversen industriellen und indigenen Kulturen weltweit gefunden werden

- o Erwerb egozentrischer Verarbeitung ontogenetisch ggf. mit mehr Kosten verbunden → z.B. spätere Beherrschung des Links-Rechts-Systems (erst mit ca. 11 Jahrne)
- o Befunde sprechen gegen einen rein nativistischen oder blank-slate Ansatz räumlicher Kognition → Interaktion aus angeborenen Präferenzen und kultureller Erfahrung

Lesart 3: Sprache als Medium der Kognition
- methodische Herangehensweise: Interferenz/Doppelaufgaben → Untersuchung bestimmter kognitiver Aufgaben in normalen Kontexten vs. mit Beanspruchung sprachlicher Fähigkeiten, Sprache steht dadurch nicht für andere kognitive Aufgaben zur Verfügung
- Beispiele: Raumkognition, Theory of Mind

Beispiel: Raumkognition
- Hermer-Vazquez, Spelke & Katsnelson (1999)
  - o Vergleich von Erwachsenen mit Kindern und ausgewachsenen Ratten
  - o Menschen navigieren ihre Umwelt mit hoher Flexibilität → Nutzung von verbalen Anweisungen, Karten, Kompassen, Navigationsgeräten etc., Lösung von unbekannten Navigationsaufgaben in nur einem oder sehr wenigen Versuchen/Trials
  - o typische Aufgabe (Cheng, 1986): Menschen oder Ratten werden desorientiert und müssen sich dann re-orientieren, um ein stabil lokalisiertes Objekt zu finden
  - o Experiment 1: verbale Doppelaufgabe (aufgenommene Passage wiedergeben), Erwachsene orientierten sich ähnlich unflexibel wie Kinder und Ratten
  - o Experiment 2: nonverbale Doppelaufgabe (komplizierten Rhythmus wiedergeben), Erwachsene zeigten unabhängig von der Aufgabe eine flexible Orientierung
  - o Interferenz-Effekt scheint nicht durch Limitierungen des Arbeitsgedächtnisses oder Aufmerksamkeit, sondern durch sprach-spezifische Prozesse zu entstehen
  - o allerdings: Zweifel daran, ob Sprache tatsächlich strikt notwendig ist → zum Teil Kompetenz bei Fischen etc.

Beispiel: Theory of Mind
- Newton & De Villiers (2007)
  - o True Belief und False Belief Tasks mit Doppelaufgaben bei Erwachsenen
  - o zwei verschiedene Doppelaufgaben: aufgenommenen Dialog wiederholen (verbal) oder zu einem rhythmischen Track mittappen (nonverbal)
  - o bei verbalen Doppelaufgaben deutlich schlechtere Performanz beim False Belief Task → Erwachsene verhielten sich sozusagen wie 2- und 3-jährige Kinder
  - o bei nonverbalen Doppelaufgaben kein/kaum Einfluss auf die Performanz
  - o Befunde deuten darauf hin, dass Sprache als Medium für Kognition wichtig ist
  - o aber: schwierig festzustellen, ob speziell Sprache für die abnehmende Performanz verantwortlich ist → könnte z.B. auch die Schwierigkeit der verbalen Aufgabe sein
- Dungan & Saxe (2012)
  - o Zweifel daran, ob Sprache den Ausschlag gab, oder die Tatsache, dass die verbale Doppelaufgabe beanspruchender war als die Rhythmus-Doppelaufgabe
  - o aufbauende Studie, False Belief Tasks mit gematchten Aufgaben bei Erwachsenen
  - o Experiment 1: ähnliche Prozedur wie bei Newton & de Villiers (2007), verbale und rhythmische Aufgaben bei False Belief Task mit zwei Schwierigkeitsgraden
  - o Ergebnisse: stärkerer Interferenzeffekt bei schwieriger Aufgabe, kein spezifischer Unterschied zwischen verbalen und nonverbalen Doppelaufgaben
  - o Experiment 2: verbale und rhythmische Aufgaben wurden an einem Task für das räumliche Arbeitsgedächtnis gematcht, um die Anforderungen der Aufgaben gleich zu halten, danach wieder Doppelaufgaben mit False Belief Tasks
  - o Ergebnisse: kein Unterschied zwischen verbalen und nonverbalen Doppelaufgaben
  - o Befunde deuten darauf hin, dass die Schwierigkeit der Aufgabe für die Interferenz mit den False Belief Tasks verantwortlich ist → ggf. nicht spezifisch Sprache

Entwicklung von moralischem Urteilen

Klassische und neuere Moraltheorien

Klassische/ältere Ansätze zu Moralentwicklung
- Piaget über Moralentwicklung
  - Kantisches Erbe: reife Moral ist durch Autonomie gekennzeichnet
  - Hauptinteresse an Form (nicht Inhalt) moralischer Urteile und Begründungen
  - von Piaget untersuchte Altersgruppen: 5 bis 13 Jahre
  - Methoden: Frage nach Herkunft und Status von Regeln, Frage nach Verantwortlichkeit, Frage nach Gerechtigkeit, Frage nach Verständnis von Lügen
  - moralische Stufen: prämoralisch, moralischer Realismus, moralischer Subjektivismus
- Kohlbergs Stufenmodell
  - sechs verschiedene Entwicklungsstufen, drei verschiedene Entwicklungsstadien
    → vorkonventionell, konventionell, postkonventionell (eher selten erreicht)
  - unterschiedliche Anteile der verschiedenen Stufen je nach Altersgruppe
- Kritik an Piaget und Kohlberg
  - methodologisch zu konservativ: Kinder sind bei Bewertungen von Handlungen nach Absicht/Ergebnis früher kompetent, wenn die Aufgabe leichter ist, bereits kleine Kinder können Konventionen und Moral unterscheiden
  - Kritik des Stufenmodells: gemischte Befunde zu interner Konsistenz und Invarianz der Stufen, Universalität fragwürdig (abhängig von kultureller Komplexität)
  - Überbetonung von Rechtfertigung und Vernachlässigung von Intuition
- Nachfolge-Ansätze: Domain Theory (z.B. Turiel)
  - normativer Bereiche (domains) mit unterschiedlichen logischen Strukturen
  - bereits kleine Kinder können Konvention und Moral unterscheiden
  - Befunde: moralische Übertretungen werden im Gegensatz zu konventionellen als schlimmer, weniger abhängig von Autorität und als allgemein falsch beurteilt

Neure Ansätze zu moralischer Kognition
- Kritik an Piaget und Kohlberg: einseitige Betonung auf expliziter Begründung
- stattdessen stärkere Betonung von Intuition und Emotionen
- methodisch: experimentelle Variation von Szenarien, Erfassung moralischer Intuition
- Zwei-Prozess-Modelle (z.B. Greene)
  - moralische Urteile können auf zwei verschiedenen Wegen erreicht werden
    → emotional (deontologisch) und deliberativ (konsequentialistisch)
  - beide Systeme können gezielt angesprochen werden: durch Art der Instruktion (schnelle vs. bedachte Reaktion gewünscht), emotional aufgeladenes Thema, Verfügbarkeit kognitiver Ressourcen (z.B. durch Doppelaufgaben)
- „Moralische Grammatik"-Modelle (z.B. Mikhail)
  - Moral in Analogie zur Sprache: grammatische Tiefenstruktur der Sprache = logische Tiefenstruktur moralischer Intuitionen (tiefe, implizite Prinzipien)
  - zugrundeliegende Intuitionen, die unsere Begründungsfähigkeiten übersteigen
- Innate Moral Core (Hamlin)
  - Hauptargument: Moral ist angeboren oder entwickelt sich sehr früh
  - Moral als notwendiger Faktor für Kooperation in Gruppen
  - Moral Goodness: anderen trotz eigener Kosten helfen/sich um andere kümmern
    → Evidenz: emotionale Reaktionen auf Unwohlsein anderer, Hilfeverhalten selbst bei eigenen Kosten (z.B. Kleinkind steht mühsam auf, um Person zu helfen)

- o Moral Evaluation: unkooperative Agenten erkennen, soziales Verhalten analysieren
  → Evidenz: Shared Goal erkennen, Helper vs. Hinderer erkennen (Dreieck hilft oder behindert andere Form, Box öffnen mit sozialen und antisozialen Agenten)
- o Moral Retribution: andere bestrafen, wenn diese sich unkooperativ verhalten
  → Evidenz: 8-Monatige präferieren „angemessene" Bestrafungen, ältere Kinder beurteilen Normenforcer als positiv und bestraften selbst Normbrecher
- o aber: sowohl erfolgreiche als auch gescheiterte Replikationen

Moralentwicklung nach Tomasello

Zwei zentrale Schritte für die Entwicklung von Moral
- Schritt 1: second-personal morality → Mitgefühl und Fairness gegenüber anderen
- Schritt 2: agent-neutral morality → aktives Befolgen und Durchsetzen sozialer Regeln
- moralische Handlungen involvieren
  - o Unterdrückung der eigenen Interessen zugunsten der Interessen anderer
  - o oder: Gleichsetzung der eigenen Interessen mit den Interessen anderer
- phylogenetische Perspektive: evolutionäre Ursprünge der menschlichen Moral
- ontogenetische Perspektive: Entwicklung menschlicher Moral im Kindesalter

Phylogenetische Perspektive
Kooperation und Moral bei Primaten
- Kooperation bei Primaten: soziales Leben größtenteils durch Wettbewerb reguliert
- Helfen und Teilen (teilweise mit Reziprozität)
  - o Schimpansen helfen Menschen und anderen Schimpansen → z.b. schwer erreichbare Objekte holen, Tür öffnen, Zugang zu Futter verschaffen, Werkzeug weitergeben
  - o teilen Nahrung unter bestimmten Umständen: Mutter teilt mit Kind, nicht besonders kostbares Essen (z.b. Blätter), besonders kostbares Essen (oft durch Harassment)
  - o helfen und teilen vor allem aus Basis von Reziprozität → auch negative Reziprozität, eher „attitudinal" (nicht genau kalkuliert, genereller positiver Affekt für Helfer)
- Kollaboration
  - o findet vor allem statt, wenn es einen direkten Benefit für alle Beteiligten gibt
  - o Kollaboration in verschiedenen Kontexten: Allianzen und Unterstützung in Kämpfen, Gruppenverteidigung, Nahrungsbeschaffung (speziell gemeinsame Jagd)
  - o aber: kein Interesse an gemeinsamen Zielen, keine „interdependente Attitude"
    → Beispiel: wenn der Partner in einer Aktivität passiv/inaktiv wird, unternehmen Schimpansen keine Anstrengungen, den Partner erneut einzubringen
- Sozialität und Moralität
  - o investieren in andere, von/mit denen sie abhängig oder interdependent sind
  - o teilweise moralische Mechanismen, helfen anderen auch ohne direkte Antizipation von Gegenleistungen → evtl. Mitgefühl basierend auf positivem Affekt
  - o Kollaboration ist nicht obligatorisch, kollaborative Partner als „soziale Werkzeuge"
  - o Beispiel: in gemeinsamen Kämpfen kein Interesse für das Wohl der Mitkämpfer
  - o Gesamtbild: Moral ist geprägt von sozialen Beziehungen, Hauptmuster ist Dominanz
Evolution menschlicher Kooperation und Moral
- sechs Schlüsseldimensionen sozialer Organisation: Lebensunterhalt, Eigentum, Kinderbetreuung, Kommunikation und Lehren, Politik, Normen und Institutionen
  → in allen Bereichen mehr (und spezifische) Kooperation als Primaten
- auch die einfachsten Gesellschaften verfügen über komplexe soziale Strukturen
- Interdependence Hypothesis
  - o zwei evolutionäre Schritte für starke Interdependenz und Kooperation

- o Schritt 1: Veränderungen in der Ökologie → Kollaboration notwendig für Nahrungssuche, Menschen wurden zu kollaborativen Gruppen
- o Schritt 2: Wettbewerb und Bedrohung durch andere Gruppen → Stärkung des „Wir", Weiterentwicklung kollaborativer Skills und Motivationen, Group-Mindedness
- o Konsequenz: impersonale, agent-neutrale, objektive soziale Normen → kollektive menschliche Moral

Ontogenetische Perspektive
- junge Kinder können sich sowohl selbstsüchtig als auch kooperativ verhalten
- Besonderheit: Kinder wachsen mit diversen moralischen Normen und Institutionen auf
- ontogenetische Entwicklung spiegelt die phylogenetische Entwicklung von Moral wider
- Schritt 1: Kollaboration und prosoziales Verhalten gegenüber spezifischen Individuen
- Schritt 2: Verständnis von und Beteiligung an sozialen Normen und Institutionen

1) second-personal morality bei Kleinkindern
- Kollaboration und Verpflichtung (Commitment)
  - o junge Kinder zeigen Motivation, gemeinsame Aktivitäten durchzuführen
  - o Befunde: 18-Monatige/2-Jährige versuchen passiven Partner wieder einzubringen, um eine gemeinsame Aktivität fortzuführen (Warneken et al., 2006), auch wenn der Partner für die Fortführung nicht notwendig ist (Warneken et al., 2012)
  - o junge Kinder fühlen sich verpflichtet, ein gemeinsames Ziel zu Ende zu verfolgen
  - o Befunde: 3,5-Jährige führen gemeinsame Aktivität fort, bis auch der Partner eine Belohnung hat (Hamann et al., 2012), 3-Jährige „entschuldigen" sich, wenn sie eine gemeinsame Aktivität unterbrechen müssen (Gräfenhain et al., 2009)
- Sympathie und Helfen
  - o junge Kinder reagieren auf Bedürfnisse und sind motiviert, prosozial zu helfen
  - o Befunde: 14- bis 18-Monatige zeigen instrumentelles Helfen, z.B. Tür öffnen oder Gegenstand aufheben, wenn Notwendigkeit besteht (Warneken & Tomasello), Hilfestellung auch bei Kosten für sich selbst (Svetlova et al., 2010)
  - o Helfen ist nicht auf das Erreichen der Handlungsziele anderer beschränkt
  - o Befunde: 12-Monatige zeigen auf gesuchtes Objekt (Liszkowski et al., 2006, 2008)
  - o Motivation ist vermutlich intrinsisch, hängt nicht von externer Verstärkung ab
  - o junge Kinder spenden leidenden Personen differenziert Trost und Unterstützung
  - o Befunde: 1,5- bis 2-Jährige zeigen Unterstützung, selbst wenn die Person kein offensichtliches Leiden zeigt (Vaish et al., 2009), 3-Jährige zeigen reduzierte Sympathie gegenüber einem „Crybaby" (Hepach et al., 2012)
  - o Kinder zeigen Präferenz für prosoziale im Vergleich zu antisozialen Agenten
  - o Kinder helfen mehr in kollaborativen als in nicht-kollaborativen Kontexten
- Teilen
  - o spontanes Teilen schwierig, Kleinkinder eher zurückhalten beim Teilen
  - o Befunde: kein spontanes Teilen von Essen bei 18- oder 25-Monatigen (Brownell et al., 2009), 3- bis 4-Jährige sind in ihren Verteilungen eher egoistisch, 5- bis 6-Jährige zeigen mehr Fairness (Fehr et al., 2008) → aber: „windfall situations"
  - o aber: junge Kinder teilen gerecht, wenn die gleiche Arbeit geleistet wurde
  - o Befunde: 3-Jährige verteilen ihre Belohnungen eher gleich/gerecht, wenn dafür kollaborativ (vs. individuell/windfall) gearbeitet haben (Hamann et al., 2011)
  - o junge Kinder präferieren gerechte Verteilungen und gerechte Verteiler
  - o Befunde: 15-Monatige präferieren es, wenn Ressourcen fair unter Empfängern verteilt werden (Schmidt & Sommerville, 2011), 3,5-Jährige verteilen mehr Ressourcen an andere, die geteilt haben (Olson & Spelke, 2008)

2) norm-based morality
- Normen = gemeinsame Übereinkünfte, wie man sich in einer Situation zu verhalten hat

- Charakteristiken agent-neutraler Normen: objektiver Standard, treibende Kraft ist die Gruppenmeinung, Normen gelten für alle (nicht nur für bestimmte Personen)
- Durchsetzung sozialer Normen
  - schon 2- bis 3-Jährige verhalten sich selbst regelkonform, passen ihr soziales Urteil an verschiedene Kontexte an, und erkennen und protestieren aktiv, wenn ein anderer Regeln oder Vereinbarungen vorsätzlich verletzt
  - verschiedene Bereiche: Regelspiele, Fantasiespiele, Eigentum, Sprachgebrauch
  - verschiedene Arten von Normen und Kontext-Relativität: dritte Person in in-group vs. out-group, instrumentelle/konventionelle/moralische Normverletzung
  - Rakoczy et al. (2008): Versuchsleiterin zeigt ein Spiel mit dem Namen „Dachsen", Puppe führt die Aktivität anders durch → Kinder protestieren aktiv, obwohl die Norm gerade erst etabliert wurde und die Normverletzung niemandem schadet
  - Schmidt et al. (2011): bei moralischen Normen protestieren 3-Jährige gleichermaßen gegen in-group und out-group Mitglieder, bei konventionellen Normen protestieren sie mehr gegen in-group Mitglieder → Unterscheidung Moral vs. Konvention
  - Vorschulkinder präferieren Personen, die Normen befolgen und durchsetzen
- Reputation, Schuld und Scham
  - Kinder haben ein Bewusstsein dafür, dass ihr Verhalten normativ bewertet wird
  - internalisierte soziale Normen → Selbstbeurteilung, Schuldgefühle und Scham
  - Selbstbeurteilung reflektiert nicht eigene Gefühle, sondern die Normen der Gruppe
  - Kinder im Vorschulalter schummeln weniger, wenn sie beobachtet werden
  - Befunde: Kinder haben bei Beobachtung weniger geschummelt (Piazza et al., 2011), haben bei Beobachtung außerdem mehr geholfen (Engelmann et al., 2012)
  - Kinder zeigen und reagieren auf Schuldausdruck → dadurch ggf. mehr Nachsicht
  - Befunde: Kinder zeigen Schuldgefühle oder Scham, wenn sie das Spielzeug einer anderen Person kaputt machen (z.B. Barrett et al., 1993), 5-Jährige zeigen eine Präferenz für Überschreiter, die Schuldgefühle zeigen (Vaish et al., 2011)

Zusammenfassung Diskussion Kultur und Kognition II

Literatur: Haun, D. B., Rapold, C. J., Call, J., Janzen, G., & Levinson, S. C. (2006). Cognitive cladistics and cultural override in Hominid spatial cognition. *Proceedings of the national academy of sciences, 103*(46), 17568–17573.

Hintergrund

- Forschung zu menschlicher Kognition
  - o Grundlage der Forschung zur menschlichen Kognition: größtenteils Untersuchung von erwachsenen Versuchspersonen in westlichen Ländern, teilweise gestützt durch entwicklungspsychologische Forschung mit Neugeborenen und Kleinkindern
  - o Ansätze zur menschlichen Kognition sind häufig stark nativistisch geprägt
  - o Problem: keine Berücksichtigung komparativer Forschung und der potenziellen Interaktion zwischen vererbten Tendenzen und kulturellem Kontext
  - o neuere Befunde deuten auf interkulturelle Unterschiede in kognitiven Strategien hin
  - o Fokus der Studie: Kognition räumlicher Beziehungen, Vergleich von Kindern und Erwachsenen verschiedener Kulturen und von Menschen und Primaten
- Raumkognition allgemein
  - o räumliche Beziehungen und relationales Denken = zentral für menschliche Kognition → Enkodierung von Ereignissen, propositionale Strukturen, Metapher etc.
  - o Kinder erwerben relationales Denken erst relativ spät, ungefähr zeitgleich mit Erwerb der entsprechenden sprachlichen Ausdrücke → Zusammenhang mit Sprache?
- drei zentrale Bezugssysteme (Frames of Reference)
  - o relatives (egozentrisches) Bezugssystem: abhängig vom eigenen Standpunkt → z.B. „Der Ball befindet sich links/rechts von mir"
  - o intrinsisches Bezugssystem: Position eines Objekts in Bezug auf ein anderes → z.B. „Der Ball befindet sich vor dem Haus"
  - o absolutes (geozentrisches) Bezugssystem: Himmelsrichtungen etc. → z.B. „Der Ball befindet sich westlich vom Haus"
  - o Präferenz für relatives Bezugssystem überwiegt in europäischen Sprachen, Präferenz für absolutes Bezugssystem überwiegt in einigen indigenen Sprachen

Teil 1: Kulturelle Unterschiede

- Experiment 1: räumliches relationales Lernen in zwei unterschiedlichen Kulturen
- niederländisches Dorf: westeuropäische Kultur, überwiegend egozentrisches System
- Akhoe Hai||om: Jäger-Sammler-Gemeinde in Namibia, überwiegend geozentrisches System
- Untersuchung von Erwachsenen und Kindern (7-11 Jahre) aus beiden Kulturen
- Methode/Ablauf
  - o Hiding: Versuchspersonen sehen, wie Versuchsleiter Target unter einen Becher legt
  - o Finding: Versuchspersonen sollen auf den Becher mit Target zeigen
  - o Versuchsperson wird um 180 Grad gedreht, paralleles Setup von Bechern
  - o egozentrische Bedingung: Target behält Position relativ zum Standpunkt der VP
  - o objekt-zentrierte Bedingung: Target behält Position relativ zu einem salienten Orientierungspunkt (Trennungsschirm oder Versuchsleiter)
  - o geozentrische Bedingung: Target behält Position relativ zur Umgebung
- Ergebnisse
  - o niederländische Versuchspersonen schnitten besser in egozentrischer Bedingung ab
  - o Hai||om Versuchspersonen schnitten besser in geozentrischer Bedingung ab
  - o Kinder und Erwachsene lernten die Target-Muster schneller, wenn die Position der kognitiven Strategie entsprach, die in ihrer Sprache vorherrschend war
  - o Muster zeigt sich mit 8 Jahren und hält bis ins Erwachsenenalter an

- Schlussfolgerungen/Interpretation
  - Zusammenhang zwischen linguistischen Referenzrahmen und den bevorzugten kognitiven Strategien bei Aufgaben zur räumlichen Kognition
  - Kulturen mit unterschiedlichen präferierten Referenzrahmen benutzen verschiedene räumliche Strategien in Aufgaben zum räumlichen Gedächtnis
  - interkulturelle Unterschiede betreffen die Präferenz, nicht die absolute Fähigkeit
  - Korrelation ist im alter von 8 Jahren vollständig stabil, bleibt danach bestehen

Teil 2: Phylogenetische Vererbung
- kulturelle Unterschiede schließen Vererbung einer gemeinsamen Grundlage nicht aus
- relationale Kognition entwickelt sich erst relativ spät → keine Daten von Säuglingen vorhanden, die Auskunft über die angeborene „Standardstrategie" geben könnten
- andere Informationsquelle: stammesgeschichtliche Familie → bei Menschen: Hominidae
- Idee: wenn alle Gattungen einer phylogenetischen Familie die gleichen Verhaltenstendenzen zeigen, deutet das auf eine Vererbung von einem gemeinsamen Vorfahren hin
- Experiment 2
  - Vergleich räumlicher Kognition bei Menschen und Primaten
  - Stichprobe: deutschsprachige Kinder, Oran-Utans, Gorillas, Bonobos, Schimpansen
  - Ablauf ähnlich wie Experiment 1, objektzentrierte und geozentrische Bedingung zusammengefasst → egozentrische und allozentrische Strategie möglich
  - Ergebnisse: besser in allozentrischer Umgebung → Affen und europäische 4-Jährige orientieren sich eher an der Umgebung als an der eigenen Person
  - Problem: nicht-menschliche Primaten haben Schwierigkeiten mit abstrakten Regeln, Affen zeigten daher nur eine niedrige Leistung → limitierte Interpretation
- Experiment 3
  - Untersuchung von Primaten mit einem weniger komplexen Design
  - Aufbau analog zu Experiment 2, aber kein Lernen abstrakter Regeln notwendig
  - Baseline: 10 Trials, bei denen alle drei Becher belohnt werden
  - Training: nur noch ein Becher wird belohnt, bis der Affe immer diesen Becher wählt
  - Test: nach Training, wieder 10 Trials, bei denen alle Becher belohnt werden
  - Ergebnisse: Tiere wählten den allozentrischen Becher signifikant häufiger und den egozentrischen Becher signifikant seltener als in Baseline-Trials
  - unterstützt Experiment 2 → Primaten verarbeiten räumliche Beziehungen bevorzugt auf Basis von Umwelthinweisen, Hinweis auf phylogenetische Vererbung

Diskussion/Fazit
- räumlich-relationales Lernen variiert interkulturell, Präferenzen korrelieren mit Sprache
- Kinder und Primaten bevorzugen allozentrische Verarbeitung räumlicher Beziehungen
- angeborene Tendenzen werden durch kulturelle und sprachliche Unterschiede maskiert
  → z.B. Niederlande: Erwerb einer überwiegend egozentrischen Verarbeitung
- „Überschreibung" ist kein rein europäisches/westliches Phänomen → relative Systeme können in diversen industriellen und indigenen Kulturen weltweit gefunden werden
- Erwerb egozentrischer Verarbeitung
  - egozentrisches System könnte insgesamt mit mehr Kosten verbunden sein
  - sprachliche Begriffe für räumliche Beziehungen werden bei der egozentrischen Strategie erst später von Kindern erworben/entwickelt
  - Kinder in Kulturen mit überwiegend egozentrischer Verarbeitung beherrschen Links-Rechts-System erst vollständig mit ca. 11 Jahren
  - Kinder in Kulturen mit überwiegend allozentrischer Verarbeitung beherrschen Links-Rechts-System bereits zwischen 4 und 7 Jahren
- Befunde sprechen gegen einen rein nativistischen oder blank-slate Ansatz räumlicher Kognition → Interaktion aus angeborenen Präferenzen und kultureller Erfahrung

Zusammenfassung Diskussion Moralisches Urteilen

Literatur: Bonnefon, J. F., Shariff, A., & Rahwan, I. (2016). The social dilemma of autonomous vehicles. *Science*, *352*(6293), 1573–1576.

Hintergrund

- autonome Fahrzeuge haben großes Potenzial → erhöhte Effizienz der Verkehrs, verringerte Umweltverschmutzung, Verhinderung von bis zu 90% der Verkehrsunfälle
- Problem: nicht alle Unfälle können verhindert werden, autonome Fahrzeuge werden zwangsläufig in Situationen kommen, in denen Personen zu Schaden kommen
- autonomische Fahrzeuge müssen schwierige ethische/moralische Entscheidungen treffen → kollektive Diskussion über die Ethik autonomer Fahrzeuge notwendig
- Utilitarismus: Gesamtnutzen für alle maximieren → Anzahl der Unfallopfer reduzieren
- möglicherweise hilfreich: Studien mit Methoden der experimentellen Ethik

Methodik

- sechs Online-Studien mit großer Stichprobe (N = 1928)
- verschiedene Fragen/Aufgaben: moralische Einschätzung und Präferenz verschiedener Algorithmen, potenzielle Kaufentscheidungen, gesetzliche Regulierung
- Studie 1
  - o Szenario: 10 Fußgänger:innen töten oder fahrende Person töten
  - o Präferenz, fahrende Person zu opfern anstatt Fußgänger:innen (76%)
  - o starke moralische Präferenz für einen utilitaristischen Algorithmus (Med = 85)
  - o geringere Sicherheit, dass AF tatsächlich utilitaristisch programmiert werden (67%)
  - o keine Sorge, dass AF zu utilitaristisch programmiert werden könnten
- Studie 2
  - o Szenario wie bei Studie 1, Anzahl der Fußgänger:innen wurde variiert
  - o bei einer Person keine/wenig Präferenz, die fahrende Person zu opfern (23%)
  - o moralische Zustimmung für Opferung der fahrenden Person steigt signifikant mit der Anzahl der Personen, die in dem Szenario gerettet werden können
- Studie 3
  - o Szenario: Fahrer allein/mit Kolleg:in/mit Familienmitglied im Auto, unterschiedliche Anzahl der Fußgänger:innen auf der Straße (10/20/20 Personen)
  - o Familien-Bedingung beeinflusst moralische Entscheidung (Rating signifikant niedriger), insgesamt dennoch Präferenz für utilitaristische Handlung
  - o aber: beim Kauf Präferenz von Fahrzeugen, die Selbstschutz priorisieren
- Studie 4
  - o Beurteilung verschiedener Programmierungen auf einer 100-Punkte-Skala
  - o utilitaristische AF werden moralischer bewertet und im Straßenverkehr präferiert
  - o aber: geringe Kaufbereitschaft für AF mit utilitaristischem Algorithmus
- Studie 5
  - o Einstellungen zur rechtlichen Durchsetzung utilitaristischer AF
  - o „Selbstopferung" wird moralischer eingeschätzt (bei AF und menschlichen Fahrern)
  - o Zustimmungswerte für rechtliche Durchsetzung insgesamt unter dem Mittelpunkt
  - o stärkere Akzeptanz für Gesetz bei AF als bei menschlichen Fahrer:innen
- Studie 6
  - o Kaufeinstellungen zu AF mit Algorithmus, der gesetzlich reguliert wurde
  - o erneut eher geringe Akzeptanz der Regulierung utilitaristischer Algorithmen
  - o geringere Kaufwahrscheinlichkeit für gesetzlich reguliertes utilitaristisches AF
  - o höhere Kaufwahrscheinlichkeit für nicht utilitaristisch reguliertes AF

Diskussion/Schlussfolgerungen

- klassisches soziales Dilemma
    - Menschen sind versucht, das Beste für sich selbst (und z.b. für ihre Familie) zu tun und nicht das, was für die Gesellschaft/das Gemeinwohl am besten wäre
    - Menschen schätzen AF mit utilitaristischem Algorithmus als moralischer ein, würden sich in einem freien Markt jedoch eher für ein selbstschützendes AF entscheiden
    - Zustimmung zu gesetzlichen Regulierungen utilitaristischer Algorithmen ist gering, obwohl dies insgesamt zu mehr Unfallopfern führen könnte
- gesetzliche Regulierung utilitaristischer AF
    - häufige Lösung für soziale Dilemmata: Verstärkung des Verhaltens, das zu den besten globalen Outcomes führt, durch Regulatoren (z.b. Regierungen, Gesetze)
    - rechtliche Regulierung von AF scheint gleichzeitig notwendig und kontraproduktiv
    - notwendig, da sonst eher wenig utilitaristische AF gekauft werden würden
    - kontraproduktiv, da gesetzliche Regulierungen die Kaufmotivation senken und somit die Etablierung von AF verlangsamen → vermeidbare Unfälle und Opfer
    - gesetzliche Regulierung könnte paradoxerweise die Anzahl der Unfallopfer erhöhen, da die Annahme einer sicheren Technologie verzögert wird, ist andererseits aber auch ein zentraler Weg, utilitaristische Algorithmen durchzusetzen → DILEMMA
- offene/ungeklärte Fragen
    - nicht endgültig geklärt, was mehrheitlich als moralisch richtig beurteilt wird
    - noch keine Berücksichtigung von Faktoren wie Überlebenswahrscheinlichkeit (z.B. Motorrad vs. Autofahrer) oder Alter der betroffenen Personen
- Fazit: produktiver öffentlicher Diskurs notwendig

Literatur:

Bonnefon, J. F., Shariff, A., & Rahwan, I. (2016). The social dilemma of autonomous vehicles. *Science, 352*(6293), 1573–1576.

Haun, D. B., Rapold, C. J., Call, J., Janzen, G., & Levinson, S. C. (2006). Cognitive cladistics and cultural override in Hominid spatial cognition. *Proceedings of the national academy of sciences, 103*(46), 17568–17573.

BEI GRIN MACHT SICH IHR WISSEN BEZAHLT

- Wir veröffentlichen Ihre Hausarbeit,
  Bachelor- und Masterarbeit

- Ihr eigenes eBook und Buch -
  weltweit in allen wichtigen Shops

- Verdienen Sie an jedem Verkauf

Jetzt bei www.GRIN.com hochladen und kostenlos publizieren